左岸芯慧
ZUOANXINHUI
ZA

松林

上海农乐
绿色·生态

RUNCHENCAIYUAN
润晨菜缘

上海大学上海经济管理中心
URI

中国城乡融合发展研究所

JIALU
家绿

珍菇园
ZHEN GU YUAN

华维集团

联中1号

福岁乐

老港

播种资产

乡村振兴与涉农民企品牌创建

proper then property

胡立刚 著

上海人民出版社　上海远东出版社

图书在版编目(CIP)数据

播种资产：乡村振兴与涉农民企品牌创建 / 胡立刚著. —上海：上海远东出版社，2022
ISBN 978-7-5476-1854-7

Ⅰ. ①播… Ⅱ. ①胡… Ⅲ. ①农业企业—农产品—品牌战略—研究—上海 Ⅳ. ①F327.51

中国版本图书馆 CIP 数据核字(2022)第 166764 号

责任编辑 陈占宏
封面设计 徐羽情

播种资产：乡村振兴与涉农民企品牌创建

胡立刚 著

出　版 上海遠東出版社
(201101 上海市闵行区号景路 159 弄 C 座)
发　行 上海人民出版社发行中心
印　刷 上海颛辉印刷厂有限公司
开　本 890×1240 1/32
印　张 7.375
插　页 5
字　数 136,000
版　次 2022 年 11 月第 1 版
印　次 2022 年 11 月第 1 次印刷
ISBN 978-7-5476-1854-7/F·704
定　价 78.00 元

播种品牌　收获资产

PROPER THEN PROPERTY

序　言

企业家精神，品牌的核心资本

一口气读完胡立刚的《播种资产：乡村振兴与涉农民企品牌创建》，对上海地区及我国的农业品牌化建设，增加了更多的信心。

这信心，来源于胡立刚。作为农民日报社高级记者，身为农民日报社上海记者站站长，他对上海区域农业企业品牌的关注、研究与建言，势必对诸多农业企业品牌的未来走向、全国其他区域的农业企业品牌发展产生重要作用；来源于该书表达并推崇的农业企业家精神及其特质，这些精神与特质，不仅是各个农业企业品牌的核心资产，也是上海农业乃至中国农业做强做大的核心资产。

作为一名专家型记者，胡立刚扎根上海“三农”十年，研究上海模式，发现上海经验，聚焦上海农业企业品牌建设，推动上海农业品牌的科学发展。其中，饱含着他对上海现代农业的信念，也蕴含着他对农业企业品牌的竞争优势与角色地位的科学理解。

作为上海大学兼职教授，胡立刚在上海大学上海经济管理中心中国城乡融合发展研究所这个平台上开展涉农企业品牌化引领乡村产业发展研究，既是践行城乡融合发展研究所推进城乡融合发展的责任使命，也是一个事关中国农业做强做大的很好切口。这部专著是他用十年时间跟踪研究十个民营农业企业品牌成长的成果，是中国农业企业特别是民营农业企业品牌建设的好教材。

企业的力量，是人类发展的重要力量之一。作为市场竞争时代最重要的经济组织，企业能够创造财富、保证供给、提供就业、带动经济增长，能够创造发明、产生新型社会文化，甚至能够，改变社会秩序、影响制度建设。

作为农业企业品牌，在涉农区域公用品牌、企业品牌、产品品牌的品牌生态结构中，处于中流砥柱的位置，其中尤以民营农业企业品牌为中坚。它能够一头顶起区域公用品牌这个区域产业的平台品牌，一头催生无数的产品品牌，形成兴旺的农业品牌生态。对中国农业的品牌化而言，农业企业品牌是冲锋陷阵的士兵阵列。因此，关注、研究涉农企业品牌，具有十分重要的战略意义。

回望2011—2016年，我与团队曾经接受原农业部经管司的委托，研究国家级农业龙头企业的品牌化现状，并对其中100个企业品牌进行了深入研究，出版了一套三本的《模式制胜——中国农业产业化龙头企业群像解析》。数年后，看到胡立刚先生的《播种资产：乡村振兴与涉农民企品牌创建》，研究位于农产品市场高地的上海农业企业品牌，不由得兴奋！

《播种资产：乡村振兴与涉农民企品牌创建》全书都在告诉我们，不管品牌产品辐射到全国还是仅止于上海市场，每一个涉农企业品牌的背后，都站着一个或一群企业家。这些企业家的精神，成就了每一个涉农企业品牌今天的成功与可见的辉煌未来。

书中的企业家，都拥有济世的情怀，通过品牌宣示新农人的事业人生追求。创建涉农企业、打造涉农品牌的目的，并非只为了满足一己之欲，而是为了改变或填补中国农业的短板，满足消费的品质需求，寻求区域共济、共富道路。

书中的企业家，都具有探索、创新精神。走进农业、走向专业。在选择企业的专一化战略发展的道路上，品种权购买、老产品挖掘、文脉继承、新品种培育、新模式创造，筚路蓝缕，坚韧且执着。

书中的企业家，在地角色意识显著。面对上海、中国这个大市场，在地生产、在地消费、在地满足，意味着企业家对市场的深刻洞察，对“在地消费”的新环保主义的经验性理解、理性化判断、新理念应用。

书中的企业家，都拥有独立创业的主张。没有主动向国家伸手，没有千方百计寻找政策资源，而是直面市场需求，直面行业需要，从服务中找到自己的生存与发展机会，从专业中体现企业价值。

书中的企业家，尽管并不十分懂得现代品牌缔造的学理逻辑，但他们凭借着满腔热血、济世情怀、独立探索的精神特质与产品开发，创造了产品力，弥补了品牌力。

企业家精神，是品牌的核心资产。但现代农业企业家不是孤勇者。我相信，有胡立刚先生这样的有识之士在热心关注、共同探索、深入研究，这些上海农业企业家将会快速地理解，并科学地运用品牌的力量，为各个企业品牌创造出更独特、更富有市场价值的未来。我相信，这也是走在中国农业品牌化大路上的农业企业家们的追求和愿望。

让我们，共同期待着。

胡晓云

浙江大学 CARD 中国农业品牌研究中心主任

自　序

盯着正确的方向，方得行稳致远

第一次看到“是经历而不是认知改变了我们”这句话时，我并没有完全理解其内涵，当我四十岁正式加入三农新闻记者的队伍，在不长的时间里形成了个人报道的风格，并借了这个风格的光而收获从脚底汩汩上升的快意时，我算是理解了。我从工业经营管理者转向三农新闻工作者不是因为年届不惑的顿悟，而是被“现代农业应该朝着什么样的方向”这个问题吸引了。然后，我又觉得这样的跨界，能够更快地接近现代农业，更有利于深入了解现代农业。

之所以这么认为，跟我的成长经历密切相关。

20 世纪 70 年代中后期，我跟着父母在自留地上种中药材。80 年代中后期，和父母一起在承包旱地上种“种玉米”，水田种水稻之前种一茬大豆。这期间还养过几年山羊和黑毛兔。除了留着吃，别的都卖了，换成了一张又一张拾元大钞。同样是耕耘劳作，同样是颗粒归仓，对改善生活条件的贡献为什么天差地别？这个问号从此就刻在了心里。时隔20年之后表现出对现代农业方向的兴趣，是时机，更是思维的延续吧。

一个又一个农经报道见报的过程中，我日长的信心和丝毫不减的兴趣如影随形，在中国农业品牌化的进程中，信心和兴趣势如共振。因此有意无意地把我的思考和报道聚焦于农业的比较效益，在浙江这块中国现代农业建设实践的热土上，我不知不觉成为现代农业国家战略创新实践的发现者、推动者；在中国农业品牌化进程中，干脆让引领者、推动者、见证者、实践者四种身份融于我身，乐此不疲。

先后在浙江、上海田野上思考、观察现代农业的机缘给了我更广大的视野，在我迎来专注于上海农业品牌建设10年之际，我认为对中国农业区域公用品牌、农业企业品牌和产品品牌有了更为理性的认知，我的观点和更多的新农人产生共鸣，我的理论和实践因此进入一个更高的层次，所以，2021年秋天，当五谷丰登的景象再次自祖国大地上呈现，我要求自己把过去10多年关于农业品牌的思考、实践以专著的方式呈现出来，为现代农业建设决策者、推动者、实践者、后来者提供指导性和实战经验。

多次回放自2014年以来中国农业品牌化进程中的关键节点，反复斟酌农业品牌化实践中的成败和冒进现象，对照已有的农业品牌著书立说，结合乡村产业振兴的时代急迫性，我决定从上海涉农民企头部品牌这个点切入，以实证的方式实现我的目标——为现代农业建设决策者、推动者、实践者、后来者提供真材实料的指导和经验。如此决定，基于三方面思考：

一是基于三类农业品牌的辩证统一关系，即企业品牌、农产品品牌是区域农业竞争力的魂，是区域公用品牌差异化的载体。如果只考虑区域公用品牌建设的必要性，忽视了企业品牌和产品品牌建设的重要性，把有限的资源过于向区域公用品牌倾斜，实乃忘了区域公用品牌建设的初心，喧宾夺主事小，阻碍中国农业产业化能力提升兹事体大。

二是基于“21 世纪最可能成功的就是企业品牌”这个观点被广泛认同。这是美国著名营销大师艾·里斯研究判断出未来市场竞争中品类相较于产品的绝对优势后所作的断言，是基于数字技术水平和新消费需求的结论。中国工商业领域普遍接受了该论断，农业产业领域众多成功的企业也在为此论断提供实践支撑。

三是上海涉农民企从诞生之日起就必须直面大市场和农业资源要素限制这对矛盾，能够“在螺蛳壳里做出道场”，成为细分市场头部品牌，一定是经历更多风雨后的彩虹，足以用于中国农业品牌化 EMBA 案例。

总之，我希望通过实证之法得到的指导性、经验性的专著经得起时间考验，经得起中国现代农业发展史的检验。我也期盼更多立志于做出一番事业的现代农业经营者少犯一些方向性的错误，正确的方向比正确的道路重要，走在正确的道路上比在曲折中吃苦耐劳重要。同时，我还希望这本专著能触动现代农业建设的决策者们正本清源，优化配置有限的农业品牌建设资源，继续扶一程送一程，让企业尽快回归农业品牌建设主体的位置上去。

中国现代农业建设道长且阻，提高经营主体拥抱品牌的能力，才有可能缩小与发达国家之间的差距，现代农业才有可能为满足人民不断增长的对美好生活的向往贡献应有的价值。

品牌是名称，品牌是符号，名称和符号之所以能和品牌画上等号，是因为品牌是软资产，这是我把书名定为《播种资产》的逻辑。

《播种资产》收集的十大头部品牌全部是上海本地的民营农业企业品牌，十大头部品牌聚焦于数字农业、种养植业、农产品加工及渠道、智慧装备、绿色农资等细分领域。这些头部品牌，首先是经受了时间考验和市场大浪淘沙的品牌；其次在各种土壤和生长环境下可复制可推广。为此，我在结构上尽力满足于雅俗共赏：开篇是品牌创始人的肺腑之言，是该品牌的理念和实践真谛；正文第一部分是该企业品牌的成长故事；第二部分是品牌创建模式的实践分析；第三部分是诊断品牌存在的问题；第四部分是对该品牌的评论，增强效果。

希望读者能喜欢这样的呈现方式，更希望追求做强的现代农业经营者喜欢上《播种资产》。你们的阅读和思考，你们的喜欢，是我继续关注中国农业品牌化的源动力，我非常乐于继续为推动各级政府重视农业企业品牌建设鼓与呼，非常愿意为中国现代农业贡献绵薄之力。

2022 年春天上海这座城静默了，没有任何先兆，每一位市民都站在了史无前例的时代浪头之上，我还能顺利完成《播种资产》书稿，真的要感谢上海大学中国城乡融合发展研究所。在这个平台上，我和十大涉农民营企业品牌创始人肩负起了勠力推动中国农业品牌化迈步前行的使命责任，因此有了克服重重困难的勇气，完成了 2022 年元旦前定下来的目标。

历史是一条长河，时代是一个又一个浪奔浪流，绝不在逆流中奋楫，只在面向大海的浪潮中争舸，应是所有人生的追求。

盯着正确的方向，方得行稳致远。

胡立刚

2022 年 6 月 1 日

目　录

“润晨菜缘”品牌

经营模式化生的蔬菜企业品牌

现场报道

“家绿”品牌

定位农产礼品的合作社品牌

“珍菇园”品牌

慢了一拍笑得更久的品牌

现场报道

“联中 1 号”品牌

乘风而上、专一精进创建强势品牌

“福岁乐”品牌

筑起大闸蟹标准化竞争壁垒的品牌

现场报道

“老港”品牌

振兴区域产业，创建产品品牌

“左岸芯慧”品牌

自带互联网基因的数字农业企业品牌

“没有品牌引领发展的理念和实践，‘左岸芯慧’肯定到不了中国数字农业卓越品牌方阵的前列。”

——“左岸芯慧”品牌创始人　张　波

品牌故事

2007年春天，投资人张波坐在塞纳河畔，品着咖啡，感受着弥漫在左岸的创新、时尚氛围，脑海里的物联网科技企业品牌渐渐清晰起来。

三年后，张波创建了上海左岸芯慧电子科技有限公司，因此他又多了一个身份——“左岸芯慧”品牌创始人。经过三年时间酝酿的左岸芯慧电子科技有限公司有着明确的发展方向，创建品牌的雄心也跟其他物联网公司一样，虽然没有在第一时间明确品牌的差异化竞争策略，但在大多数行业还没有物联网意识的情况下，这也算不得战略失误。

张波从一开始就明确了技术和创新是“左岸芯慧”品牌的基因，他相信，有了这个基因，只要在市场上找到产业结合点，然后确立经营模式，就没有问题。

正式成立公司之前，张波为公司和“左岸芯慧”品牌挖到了“第一桶金”——古成龙技术团队。在这之前，古成龙率领团队在国内、国际微电子领域都取得了不俗业绩，还因此得到比尔·盖茨亲自颁奖。和别的董事长不太一样，张波挖到这桶金不只是用于纯技术创新，而是委以古成龙总经理的重任，一起创业。年龄上分属两代人的张波和古成龙，第一时间为“左岸芯慧”品牌注入了核心技术基因和成熟而不乏创新激情的文化基因。

2012 年，公司中标上海嘉定区“嘉定华亭 600 亩哈密瓜研究基地建设项目”，这个契机，促成了“左岸芯慧”品牌差异化战略定位。团队发现，智慧农业领域的市场空间大，持续性好，农业物联网技术应用空白点不少，公司完全可以在农业传感器及数据传输应用方面形成强大优势，填补市场空白的同时积累强势品牌的资产。

围绕行业空白的策略取得了一系列成效。研发各类农业传感器为公司树立了物联网领域高科技公司的形象，“左岸芯慧”品牌也因此得以跟全球优秀的同行展开合作，开始走向“国际范儿”；运用信号放大技术研发出的农业 PH 传感器系列产品及传输终端填补了国内空白后，公司在农业物联网领域树立了“农业物联网专家”的形象，也为“左岸芯慧”品牌注入了技术创新的独特联想。公司经营也找到了方向——专注农业物联网创新和服务。

过去二十年，中国现代农业发展先后经历了农业信息化、智慧农业和数字农业阶段，快速迭代导致不少企业迷失了方向，本该花大力气推动市场成熟，却变成了忙于追逐项目，但“左岸芯慧”选择了一条相对寂寞的“野地生长”道路。张波当然希望公司从一而终走在高大上的物联网大道上，当他看清农业物联网市场是一个需要培育的市场时，他也看清了品牌成长路上不可避免的风雨。因此，他和团队核心成员相信，只有扎根广阔的田野，“左岸芯慧”品牌才有生命力。

决定了野地生长模式之后，团队并不是一味埋头苦干，他们通过“仰望星空”，找到提升品牌知名度、树立品牌形象的路径。在品牌创立初期，公司资金预算有限，团队也只有二十几名员工，每逢行业展会，张波除了亲力亲为，还尽可能带领团队成员参加展会，通过精心策划每一次展会向客户展示“左岸芯慧”品牌，并向每一位员工灌输品牌意识。

形象是过去和当下的积累，品牌是向客户传递公司的价值和未来。公司在行业内树立起“农业物联网专家”形象之后，张波和他的团队没有停下创新的脚步，围绕农业主体的需求，围着农业产业提质增效的痛点难点，一步一步开发市场所需的产品和服务。2018 年 12 月，企业推出旨在帮助农场提高精细化管理水平的“神农口袋”，农场主通过这个 APP 可以方便实现种得好、管得好、卖得好。

当神农口袋价值逐日呈现，完全具备创建“左岸芯慧”品牌子品牌的条件下，张波做出了免费推广的决策。他没有忘记品牌初心，始终牢记着推进中国农业产业振兴、助力乡村振兴的品牌使命。恰恰是免费推广决策为“左岸芯慧”品牌积累了数字乡村客户群体。

农业品牌的格局往往是竞争力法宝。2020 年，上海市农业农村委员会提出了提升上海农业精细化和数字化水平的建设目标，左岸芯慧凭着服务国家战略的格局获得搭建“上海数字农业云平台”的机会。上海在农业信息化、农业物联网两个阶段起到过引领性的作用，数字农业时期，并没有体现出上海该有的水平。“左岸芯慧”搭建的上海数字农业云平台实现了上海农业资源数据、经营主体数据、生产过程数据和政府监管数据汇聚和活化，帮助政府进行全方位监管和区域农业智慧决策调度，因此再一次展示了上海在数字乡村建设领域的实力和活力。左岸芯慧公司则借此在数字农业领域筑起了数字底座和系统化服务的基础，一举成为中国数字乡村建设的引领者。

创新、时尚、技术是物联网品牌必须具备的竞争点，如果能够上升到文化的层面，就能赋予物联网品牌强大的生命力和价值辐射能力。“左岸芯慧”品牌是一个带着互联网技术创新基因的品牌，团队没有花费更多的时间精力去打造特色文化，却实践了一个物联网企业如何沉淀下开放包容的文化。公司成立以来，没有门禁，员工不需要打卡，企业内部看不到一句口号。员工怀孕了，不只是员工的喜事，也是公司的喜事……风起于微末，这些细节成为了“左岸芯慧”品牌文化的夺目注解，快乐向上的家文化注解。

因为是一家人，张波、古成龙的核心组合十二年如初，核心团队和以 90 后为主的员工一直是共赴前程而不是各奔前程。

人们习惯于用“十年磨一剑”形容一个人、一个团队、一个企业、一项事业的成功，但这个词无法诠释“左岸芯慧”品牌成长的十年。过去十年，是品牌求索中国农业数字化的十年；过去十年，是品牌为中国农业数字化燃烧初心的十年；过去十年，是品牌一手抓硬件一手抓软件破解数字农业痛点难点的十年。在这个过程中，左岸芯慧不断强化自身使命责任，直到 2021 年明确提出构建“智慧农业服务生态体系”。

所有这些，都是左岸芯慧的品牌资产。

品牌创建模式

早春时节，上海的田野上暖风初起，江南水乡的春耕景象却还有待时日，养护结合一年一季稻的水稻种植模式，把上海的春耕推迟到了五月初。对于和上海 21 万亩高标准水稻相关联的产业链主体们来说，2022 年的春耕有些不同，因为上海左岸芯慧电子科技有限公司将为今年的春耕带来巨变。

过完春节，左岸芯慧公司首次启动了春耕备耕，和太平洋安信农业保险股份有限公司磋商农业数据服务框架协议，为“穗优行动”优质稻米收入保险体系建设提供数字服务基础。参与“穗优行动”的合作社、家庭农场以缴纳保险费的方式获得金融、订单、品牌等类似于全产业链服务的支持，这是 2022 年上海特别的“春耕”行动。

助力“穗优行动”是“数字农业寻左岸”的个案。2020 年，左岸芯慧公司利用数字农业整体解决方案建成了上海数字农业标杆工程，上海的农业数字化发展进入数字变资产的阶段。有了数字资产，“穗优行动”等金融保险服务也就不会陷入“无本之源”的困境。

2021年9月9日，左岸芯慧和指令集创始人潘爱民博士团队牵手合作共建“中国农业智能操作系统”，打造中国自主可控、安全的底层数据操作系统，至此，左岸芯慧朝着品牌愿景“打造完整的服务于农业生态的数字平台”这一目标又迈进了一大步。

左岸芯慧深耕农业数字化的12年，是农业信息化市场逐步成长和数字农业企业大浪淘沙的时期。这期间，虽然一度风头无两的数字农业企业退出了舞台，但还是有很多涉农数字服务企业为了生存而苦苦挣扎。左岸芯慧公司的业务则完成了从农业传感器到数字农业整体解决方案的闭环，从名不经传到行业翘楚，左岸芯慧品牌影响力从一个个数字化项目主体辐射到上海及全国20多个省市。

品牌说到底就是一个符号，一个名称，在中国数字农业发展历程中，不管在什么样的场合，“左岸芯慧”是企业和团队全力展示、捍卫的四个字。

一、注重品牌符号和传播策略

2007年，“左岸芯慧”品牌创始人张波坐在巴黎塞纳河畔左岸的那一刻，决定把“左岸”作为未来物联网公司的名字和品牌名，创新、时尚、高科技等物联网企业品牌不可或缺的元素在“左岸芯慧”品牌还没有诞生时就捷足先登了。

2011年11月，公司成立后的一年零两个月，成功注册

“左岸芯慧”商标。

LOGO 左半边的曲线组成了“Z”的字母形象，整体的图形又特别像字母“A”的形状，这就是“左岸”的符号化。红色的圆点和两条曲线相结合，代表着朝阳、河流与地平线，寓意着生机勃勃和蒸蒸日上。

品牌标志给人一种时尚、向上的视觉冲击和感受，较好地体现了企业创始人的品牌意识。张波和他的团队在品牌初创时并没有明确深耕农业物联网的发展方向，基于当时物联网刚刚兴起，当然这不是问题，符号的价值观已经确立了，日后细化品牌符号的意义和价值也来得及。

上海市嘉定区哈密瓜研究所请左岸芯慧做了一个农业物联网小项目之后，张波和他的团队决定投身智慧农业。智慧农业的范围很广，团队根据市场所缺所需以及他们在传感器领域的技术特长，确定了从农业物联网传感器切入服务智慧农业的经营策略。

农业传感器是当时中国农业物联网领域的空白，也是大部分物联网企业的弱点，这个情况让“左岸芯慧”品牌的差异化优势立刻凸显出来，在形成系列传感器的过程中，又进一步巩固了这种差异化优势。首先，左岸芯慧团队和国际相关技术领域团队开展联合研发，把公司推上了该领域技术的前沿位置；其次，因为农业物联网传感器的市场大而获得资本青睐，所以首次融资便获得了 500 万元投资。

在不到五年的时间里，公司先后开发出第一代智能数字传感器、低功耗农业检测数据终端、国内首个在线式重金属离子传感器，也成功开发出智慧农业物联网平台1.0版。在这个过程中，团队坚定不移执行品牌传播策略，通过连续不断的展示和产品体验，在行业内积攒了口碑，提升了知名度。

品牌差异化竞争策略虽然引来了第一轮融资，但因为中国数字农业是一个新领域，巨大的市场还需要时间培养，在野地成长的模式下，投入大、产出少是公司必须面对的经营难题。面对资金压力，张波力排众议做出了“小企业更要大展示”的决定，并且每次展示发动全员参与，从而稳固了左岸芯慧品牌是专业农业物联网传感器的形象。在这个基础上，又慢慢树立起数字农业综合服务商的形象。

站在 2022 年时间节点上回顾这个过程，传感器专家的形象是不尽如人意的，但是，如果当初没有坚持展示差异化，野地成长模式之下的“左岸芯慧”就很难生存，更谈不上在业内积累下好口碑，好形象也就更无从谈起了。

“左岸芯慧”品牌一步一个脚印成长，除了展示，还善于利用媒体做有效的传播推广。利用有影响力的媒体传播、提升农业品牌知名度，具有“四两拨千斤”作用的传播策略，不少农业品牌创始人没有意识到这点，即使意识到了，因为缺乏内容和形象支撑，也错失了机会。“左岸芯慧”品牌能够多次被《农民日报》等主流媒体关注，一方面是不断开发出符合数字农业发展方向的硬件和物联网平台等产品，另一方面就是注重企业形象展示。

二、创新、包容、开放等品牌文化催生了品牌内生活力

左岸芯慧品牌成长的10年（表1）也是中国农业从信息化到智慧化再到数字化的过程，企业的服务能力、市场需求很难跟上理念的转变速度，甚至无从分析竞争对手和自身的优势劣势，品牌的成长，几乎全靠品牌创始人对环境趋势的判断和自身能力的培育。整整10年，左岸芯慧从农业物联网传感器到推出数字农业整体解决方案，再到启动建设中国智能农业操作系统，一直在自证创新能力和服务能力。

在数字农业市场不明确、竞争对手也不清晰的情况下，左岸芯慧公司年年推出新产品和新服务，这是品牌战略思维的成果。公司成立前，张波争取到了南京航空航天大学古成龙技术团队的加盟，在日后的发展中，则严格贯彻落实古成龙提出来的企业高新技术发展架构。

大多数农业数字化企业不是不知道农业产业、农业经营主体向数字化转型过程迫切需要解决的问题，也不是不知道解决这些问题需要组建专业化的团队，但往往因经营或生存的需要而随大流，走着走着就陷入一切围着项目转的经营方式。在中国特色的数字农业领域，项目大多集中政府手中，企业围着政府转，难免要陷入内卷和脱离市场

需求的泥淖，随之而来的便是团队的离心离德，核心成员的勾心斗角。左岸芯慧品牌同样面临着巨大的生存压力，但因有创新、包容、稳健、奋发等品牌文化的力量，品牌历经风雨，始终勇往直前。

表1　左岸芯慧品牌成长的10年

年份	品牌创新成果
2011年	注册"左岸芯慧"
2012年	开发出第一代智能数字传感器
2013年	开发出低功耗农业监测数据终端
2014年	推出国内首个在线式重金属离子传感器和智慧农业物联网平台1.0版本
2015年	开发出第一代智能农业云终端
2016年	推出物联网生产管理系统1.0版本和第一代手自一体控制器
2017年	推出国内首个云智能水肥一体机和智慧农业云平台3.0版本
2018年	推出农场数字化管理系统"神农口袋"和农产品安全溯源系统1.0版本
2019年	构建农业大数据平台，推出农场品牌电商"神农猫"
2020年	推出数字农业整体解决方案及上海数字农业标杆工程
2021年	启动中国智能农业操作系统建设

开放是"左岸芯慧"品牌文化里比较个性化的部分，左岸芯慧公司的开放呈现出内外都开放的个性。对外，公

司保持着一种战略定力，在开放中学习其他企业的长处，也在开放中笑看自己的研发成果被其他企业借鉴甚至模仿。强势品牌不是要在市场需要培育的过程中压制老二老三的成长，而是利用老二老三的品牌影响力共同做大市场蛋糕。以云智能水肥一体机为例。2017年左岸芯慧推出国内首个云智能水肥一体机，当年被认定为上海市高新技术成果转化项目，那段时间，公司处于一个低谷期，希望通过提高这个产品的市场占有率获得相应回报。随着该设备被各种模仿，公司没有达成研发时所希望的市场份额，损失不小。幸好，因为相关企业共同推动了市场，“左岸芯慧”品牌的水肥一体机还是保持了一定的销量。通过这个产品，张波和他的团队深刻认识到中国农业数字化进程中企业开放的必要性，包括向政府开放，向市场开放。开放的结果是，左岸芯慧公司不停呼应市场需求，数字农业底座因此越来越丰满，为“左岸芯慧”品牌独有的数字化平台落地江西、锁定上海到西进四川打下了扎实的基础。

到过左岸芯慧公司总部的人大多会留下深刻的印象，因为左岸芯慧没有门禁，甚至连大门也没有，从电梯出来便可以一直走到包括董事长、总经理办公室在内的任何一个空间。这是左岸芯慧企业对外对内开放的一个缩影，从硬件措施上贯彻了“左岸芯慧”是中国数字农业经营主体、客户共同的家的理念，也确保了团队亲如一家人的空间布局。

三、创始人赋予“左岸芯慧”品牌格局、眼界

三权分置的土地制度、主粮市场化程度低、经营主体理念跟不上现代农业发展需求，决定了中国传统农业向现代农业转型需要相当一段时间，有漫长的路要走。农业品牌创始人一定是具有品牌理念并愿意为品牌投入的人，区别在于，品牌创始人的格局大小，格局大的，比较好地平衡了品牌的市场回报和推动中国农业现代化的价值这两者，格局小的，主要考虑的是市场回报。张波在 2018 年成功开发出农场数字化管理系统“神农口袋”后做出免费推广的决策，在 2020 年上海市农业农村委员会决定构建上海数字农业云平台后，张波承诺免费提供数字底座技术服务，这两个决策，基本反映出“左岸芯慧”品牌的格局，即推动中国农业数字化进步的意愿胜过企业的盈利。

2020 年，“左岸芯慧”品牌明确了愿景，即“打造完整的服务于农业生态的数字平台”，并提出了品牌口号——数字农业寻左岸！愿景和口号的雄心一览无余。

左岸芯慧的品牌格局源自张波。

创立左岸芯慧公司之前，张波有过乡镇党委书记的工作经历，张波的三农情结，至此没有消弭。当古成龙提议从农业传感器切入投身中国农业物联网时，张波二话不说就同意了；当公司绝大多数管理者提议农场数字化管理系统“神农口袋”实行市场化推广时，张波否决了；企业刚

刚实现盈利，当上海数字农业云平台需要左岸芯慧时，张波又是二话没说提供了免费技术服务。2021 年，当公司业务迎来高增长，张波又及时启动中国智能农业操作系统建设，并且在各种场合表态，如果国家需要，左岸芯慧将贡献出全部数字农业技术。

与左岸芯慧公司合作的合作方品牌，照出“左岸芯慧”品牌的影响力、知名度的同时，也折射出“左岸芯慧”品牌的格局和胸怀。它们是中国检验认证集团、中国航天、中国移动、华为、海尔、网商银行等。这些大品牌中不乏头部品牌，它们在确定合作方时有严格的程序，左岸芯慧公司能够被选中，首先是对“左岸芯慧”品牌的认同。

大品牌之间的合作是商道，看中的是相匹配的格局、影响力。“左岸芯慧”品牌能跟这么多大品牌合作，自有其品牌的魅力。

四、“左岸芯慧”品牌的社会价值

自带互联网企业基因的左岸芯慧公司既是互联网企业，也是农业服务型企业，而“左岸芯慧”品牌，是一个地道的农业品牌，社会价值是品牌不可或缺的品牌价值组成部分。

农业全产业链数字化技术复杂的程度远远超过大多数行业，在没有能力实现数字交互应用赋能产业的情况下，所有的数字农业建设项目不仅不能帮助政府推动中国传统农业向数字农业转型，还会打击经营主体谋求数字化转型实现增产增收的积极性，严重到一定的程度，数字农业项目既拖了政府的后退，也拖了农业产业、经营者的后退。过去二十年中国数字农业的历程上，这样的例子很多，产生的负面影响不小。左岸芯慧公司用可以实现交互的数字底座和区域农业数字化系统回答了数字农业企业品牌应该具备什么样的社会价值。

2000 年，上海率全国之先探索实践农业信息化，上海农业信息网是全国第一个农业口的政府网站。随后，上海又为 12316“三农”热线贡献了智慧。2013 年，农业部启动农业物联网区域试验工程，上海市列为农业物联网区域试验工程试验区。从那以后，上海数字农业进展不快，大有被经济发达省市赶上并超越的危机。直到 2020 年采用左岸芯慧公司的数字技术构建起数字农业平台后，上海在数字农业领域再次闪光，成为走在前列的上海农业现代化的重要组成部分。

2021 年，德阳市旌阳区经过多年考察后引进左岸芯慧的数字农业底座，高效开展了数字赋能旌阳区乡村的探索实践，引起全国关注。与此同时，包括华为、海尔、浙江网商银行在内的合作方自告奋勇推广左岸芯慧的数字平台，助力全国各地的乡村振兴。通过左岸芯慧的数字平台，乡村沉睡的数字不但活起来，还产生了交互，由此形成了数字资产，这些数字资产成功帮助了农业全产业链经营主体获得了实实在在的市场销售和真金白银的金融帮扶。

左岸芯慧公司还和各大合作品牌制定了数字农业平台推广计划，为全国 300 个县构建区域数字农业云平台，这样的计划，如果不是建立在实现数字化赋能的基础上，不是建立在帮助地方政府推动农业数字化，是不可能的。

品牌诊断

智慧农业是通过物联网、数字技术为农业提供服务，服务的目标是一致的，即解决农业缺人才、缺资金、缺效率等传统手段很难解决的问题。“左岸芯慧”品牌通过提供硬件到软件再到系统集成服务，一步一步对接市场需求，完善数字服务链的同时呈现数字服务的价值，是品牌成长的路径。在这个过程中，各级政府、农业经营主体也认识到数字农业的要点在于数字资产化、数字资产活化。

如果说过去二十年数字农业企业品牌应该把主要精力放在推动数字技术服务的成熟，放在扩大市场应用空间，那么接下来，就要放在提高企业品牌影响力方面了。

左岸芯慧公司之前提高品牌可见度主要通过展会、媒体、客户推介等途径展开，这些途径仍然有效，但需要更有效的传播渠道，比如自建精准传播媒介。公司已经就新一轮品牌建设组建了团队，这是好的开端，如果能够请来农业品牌创建专业团队，联手为“左岸芯慧”品牌确立战略规划及有效传播差异化定位，正当其时。

数字乡村的未来已来，各大数字服务企业盯着这块蛋糕，“左岸芯慧”有条件有实力树立数字农业领导品牌、强势品牌形象，应该抓住时机向各类服务对象传播“左岸芯慧”品牌。因此，从战略上重视这个阶段的品牌建设就显得特别重要，因为只有从品牌战略规划着手，才能分析“数字农业寻左岸”的品牌口号是否准确阐述了品牌的核心价值，才能确定品牌的传播战术，促进品牌和更多的消费者建立关系，让更多的客户通过自觉形成的关系找到“左岸”。

品牌评论

从农业信息化上升到智慧农业再跨入数字农业，前后不超过 20 年时间。很多数字企业的经营理念跟不上农业数字化的快速迭代，“左岸芯慧”品牌用十年时间构建了一条从硬件到数字应用平台的服务链，通过这条服务链把数字变成资产，形成了独特的价值链，这是非常宝贵的财富，是“野地生长”模式的结晶，整个过程中形成的产品、服务以及沉淀下来的品牌文化是“左岸芯慧”品牌服务数字农业的壁垒。只要充分传播好品牌价值、利用好品牌壁垒，品牌的美好未来一定可期！

——中国畜牧兽医报社社长　刘　波

“松林”品牌

养猪，是为了开百年老店

“我爱养猪，松林公司养猪是为了做百年老店。”

——“松林”品牌创始人　王龙钦

品牌故事

什么样的农业企业品牌和产品品牌能作为上海农业企业品牌和地产农产品品牌的样本？当然，这里指的是田野里长出来的企业品牌和产品品牌。

样本或许不止一个，“松林”品牌和“松林”牌鲜猪肉一定是排名靠前的那一个。

跨过 2000 年门槛，生猪市场迎来 21 世纪第一个猪周期低谷，总经理王龙钦坚持为上海松林食品（集团）有限公司的前身上海松林工贸有限公司定下了“养优质松林猪只卖松林猪肉”的经营策略。2001 年 8 月 14 日，松林公司完成了“松林”商标注册，主营松林鲜猪肉。上海第一个地产猪肉品牌由此诞生。

品牌创始人王龙钦不是“一意孤行”，他坚信，不管各行各业是否继续着劣币驱逐良币的惯性，关于吃，未来一定是优胜劣汰，而且，大概率是从鲜猪肉这个品类开始。

2003 年，上海开展第一轮环保三年行动，松林公司保留下了种猪场，商品猪养殖场则全军覆没，坚决不用瘦肉精只卖松林猪肉的松林公司只能靠主营仔猪维持运营。猪价连续低迷，创建松林猪肉品牌的热情也被形势“泼”了冷水。消费者吃不到松林猪肉，好不容易沉淀下来的优质、诚信品牌资产被稀释、贬值是自然而然的事，王龙钦心里比谁都急。

急归急，事关品牌的原则不能放弃，于是，他决定不争一时得失，等待时机。王龙钦一是坚信鲜猪肉品牌必须基于优质和诚信，市场无处不在的挂羊头卖狗肉式的经营模式结局可以预见；另一方面，他发现绝大多数养猪企业还没有猪肉品牌意识，而鲜猪肉经营者也远没有意识到品牌和闭环的重要性。

时间站在松林公司这一边！那段时期，王龙钦把重心放在了企业品牌文化建设方面。

“松林的目标是做百年老店，谁砸松林品牌，我就砸谁的饭碗。”那段日子里，无肉可卖的松林企业员工特别是管理层，没少听王龙钦的“狠话”。田野里生长的农业企业没有资本成立品牌小组、品牌事业部，王龙钦的策略是把品牌和饭碗联系起来。松林公司情愿牺牲利润坚决不用瘦肉精，坚持只卖松林肉，很大程度上靠的是王龙钦砸饭碗的狠心。

机遇难得，说的是不懂审时度势的人，有审时度势的能力，机遇一定会送上门来，没有机遇也能创造机遇。2006 年，松江区走出了探索中国特色家庭农场第一步，时任松江区农委主任封坚强登门拜访，力邀松林公司主导探索种养结合家庭农场模式。自参加工作后就不曾离开养殖业的王龙钦比谁都清楚，大都市农业是都市生态的重要一环，集聚式规模养猪时代一去不复返了，只有通过全区域规划，组建公司+家庭农场的产业联合体，才能形成规模，落实生态保护企业责任。

政企一拍即合！

松江区政府明确了培育一百个种养结合家庭农场的区域农业发展战略之后，王龙钦既兴奋又深感责任重大，要画出“好米好肉好家园”的现代桃花源，关键在建立各方持续得益的联合机制。如果政府看得到农业增产农民增收，如果种养结合家庭农场主增收的同时还能过上体面的生活，松林品牌及松林牌猪肉自然火了。王龙钦当然意识到，创建松林牌猪肉是美丽画卷的点睛之作，是松江区年出栏生猪不低于10万头和15万亩水稻产业提质增效的引擎。

2008年，松林公司建成拥有全套美国现代化养猪设施的示范场，开出三家专卖店，努力沉淀“健、道、诚、赢”品牌文化。“健”是守护消费者的健康；“道”是顺应自然规律；“诚”是德才兼备、诚实严谨；“赢”是合作共赢、同创未来。

品牌鲜猪肉除了安全，还必须在风味上形成差异化，这是猪肉消费者的心声，也是猪肉品牌必须具备的功能属性，从种源着手，是猪肉品牌成功的唯一起跑线。和大多数拿来主义者借助地方土猪品种形成差异化的做法不同，松林牌猪肉一开始就走向了国际化。

2009 年，松林公司了解到荷兰风味猪的独特性，2010 年前往荷兰寻找肥瘦合适的荷兰风味种猪，2011 年耗资 2 000 万元引进了 500 头荷兰种猪。2014 年，带着独特风味的松林猪肉正式端上上海消费者的餐桌。独特的风味，松林猪肉显目的标志和直营店统一的形象冲击着上海市民。松林公司的高调是精心策划的，目的是希望“松林”牌鲜猪肉和含着“金钥匙”出生的光明集团“爱森”牌猪肉唱出申城鲜猪肉品牌“二人转”，希望“回味真鲜美”的品牌口号打动理性消费的上海市民，希望市民认同松林牌鲜猪肉的优质高价经营方式。

2017 年，松林公司成为上海第一家无抗养殖企业。2020 年，“松林”牌猪肉成为上海第一个获得绿色食品 A 级认证的猪肉产品。这期间，“松林”牌猪肉揽下了一个又一个国家级、上海市的金奖。优质、风味、诚信、引领者形象等等这些要素成功构建了松林品牌猪肉的壁垒，守护着松林公司顺利度过大大小小的猪周期，向着百年老店的目标迈步。

王龙钦和团队在做百年老店的大路上越走越欢，他们没有见好就收，他们在共富共赢的路上越走越精神。经过 10 年准备，2018 年正式推出“松林”牌大米。随后，相继推出“松林”牌大肉包、“松林”牌大红肠等品牌产品。

2018 年，上海松林工贸有限公司变更为上海松林食品

（集团）有限公司，这是松林公司和“松林”品牌建设的新里程碑。2008 年，王龙钦预判到，种养结合优质生猪产业链将像一块石头扔进平静的湖里，生出一个又一个农产品品类闭环，于是，他和他的团队注册了大米、包子、面条等二十多个产品。如今，“松林”牌猪肉和大米已经在上海市场打响了知名度，松林牌大肉包、大红肠等产品也进入了消费者的视线，具有松林特色的蔬菜闭环也正在建设之中。

2021 年是松林企业品牌诞生 20 周年，“松林”品牌迎来桃李年华，通过鲜猪肉和大米，消费者感受到了“健、道、诚、赢”品牌文化滋养下品牌产品的美好。未来，松林公司将推出更多品牌产品，消费者有什么理由不期待“松林”品牌带来的更多惊喜呢？

品牌创建模式

1986 年至 2003 年期间在上海大江有限公司的从业经历让王龙钦得到了品牌启蒙，他认识到大江鸡肉卖出高价是因为有品牌的加持。这个经历还让王龙钦理解了产品品质、品牌符号、消费者信任与品牌成败的逻辑。全面负责松林公司生产经营的第一时间，王龙钦提出了专注于“养优质松林猪只卖松林猪肉”经营策略，锁定了养猪是为了打造百年老店的目标。十多年之后，企业逐渐形成了松林食品的价值体系，王龙钦顺势而为提升了企业目标——“塑造松林精致食品，打造松林百年品牌”目标。

松林公司先后形成松林牌猪肉、大米闭环，市场则从最初的松江区辐射到上海主城区，成功走出一条“农村包围城市”的品牌扩张之路，到 2021 年形成了以 125 家“松林”牌猪肉直营店、商超店和电子商务平台为主的松林品牌产品渠道系统。

2019 年以来，公司先后经历了猪周期、非洲猪瘟和新冠肺炎疫情的考验，经营额稳定在 3.6 亿元以上，松林猪肉闭环的生猪上市商品猪达到了 25 万头，松林大米闭环规模达到 1.8 万亩。2021 年，公司根据松江十三年种养结合家庭生态农场模式积累的经验，开始谋划规模化、现代化、智能化、教育旅游等松林生态环保型绿色有机农业产业园。2022 年，松林品牌布局上海主城区的精选店，为消费者提供松林品牌产品的体验消费。

“松林”，一个从上海市松江区“三农沃土”上成长起来的企业品牌，凭什么突破上海地产鲜食农产品难以规模化、品牌化的瓶颈?

一、品牌建设实践紧跟经营策略

相对于种植业，生猪产业走上规模化发展道路要早得多，从业者通过规模化养殖积累的财富也比种植业者多得多。过去 20 年，一些生猪养殖户倒在了某个“猪周期”，更多的养殖户无法越过生态环保这道坎。以上海地区为例，2020 年、2021 年上海生猪出栏数近 110 万头，其中域内出栏数 50 万头，出栏超过 3 万头的民营企业 9 家，民营的松林公司年出栏超过 10 万头，而且全部在域内，独此一家。

2003 年开始的上海生态环保三年行动几乎以清零式的果断驱逐、关停各个涉农区的规模化养猪场，松林公司也于第一时间关停了规模化养猪场，只保留下种猪场。很多上海农业管理者、从业者不明白，“松林”牌猪肉为何能够和含着“金钥匙”出生的“爱森”牌猪肉唱响申城鲜猪肉品牌“二人转”，为何公司能成长为中国农业产业化龙头企业，商标注册 20 年之后生猪出栏还先后突破了 15 万头、25 万头规模，并有计划地向 50 万头目标迈进。答案是唯一且肯定的：坚定不移走品牌引领的道路，开创种养结合生态农业可持续发展新模式，坚持品牌建设实践紧跟“养优质松林猪只卖松林猪肉”的经营策略。

生鲜农产品不容易获得附加值，是很多农业企业放弃品牌化一味追求规模扩张的根本原因，“松林”品牌经过多年努力获得了附加值，主要是“松林”牌猪肉这个产品品牌的成功，先后突破了鲜猪肉附加值低、规模不够、比较效益不够明显等一道道坎。如果没有对猪肉市场一定是优胜劣汰趋势的判断和优者胜出的决心，松林公司很有可能跨不过这些坎。

回头看农业产业化进程，2000 年前后成立的民营涉农企业大都获得了时代机遇，不少企业拥有某个品类的第一个注册商标，像松林公司一样被政府基于厚望的机遇也不算难得，但是，能让政府、企业、合作者都分享到附加值并且可持续发展的，还真不多。

松林公司坚持不用瘦肉精、坚持不卖别人家的猪肉积累下了诚信的品牌资产，却因为没有优质、特色等消费者所需的差异化，诚信资产不足以支撑品牌附加值。2011 年松林公司审时度势以国际视野引进荷兰风味种猪，是“松林”牌猪肉形成差异化的成功之举，和围绕地方特色品种猪创建猪肉品牌的企业行为比较，松林公司的行动高效得多，一步迈进了鲜猪肉产业化的大门。

在品牌推广方面，松林公司使出了那个年代农业企业难以想到的两招：一是通过优质优价把松江区十多万中小学生发展为忠诚消费者，形成松林牌猪肉的利基市场；二是通过直营店和符号传播一步一步让上海消费者感知“回味真美味!”，用优质、风味的品牌特性和理性消费的上海市民形成稳定的关系，确立“松林”牌猪肉优质高价的形象。

因为生鲜农产品普遍缺乏标准，以新鲜、口感为标准的消费者很难对某个生鲜农产品形成好的感知质量，松林公司的做法证明了品牌生鲜农产品是可以积累感知质量方面的资产的。

2017 年，松林猪肉全面实现无抗养殖。2020 年 1.6 万头松林牌田园鲜猪肉获得了绿色食品 A 级产品证书，成为上海第一家获得绿色认证的鲜猪肉生产企业。这些优秀的质量指标很难直接到达消费者，“松林”牌猪肉通过获得国家级、上海市级金奖，并通过中高端消费渠道和媒介把金奖大满贯信息传递给消费者，因此沉淀下感知质量的品牌资产。

松林大米获得绿色食品大米认证后还通过了 SGS500 多种内容的检测，这不是“松林”牌大米成为盒马鲜生当家品牌的全部资本，松林大米收获了国家级、上海市级金奖大满贯，为“松林”牌大米沉淀下了消费者看得见的资本。松林公司创建、培育“松林”牌大米知名度品牌的运作基本复制了松林猪肉品牌优质安全、诚信可靠、高感知质量的路径和方法。

二、构建产业链闭环，筑牢安全优质基石

经营鲜食农产品，安全是底线，创建猪、粮品类的农产品品牌，特色优质是基础，在发展水平和社会化服务难以确保绝对安全的发展阶段，构建鲜食农产品闭环是品牌化农业企业唯一能走通的一条路。鲜猪肉产品的闭环分为从种猪到出栏的养殖端环节、从屠宰到市场的加工运输环节、从渠道到餐桌的销售环节，一个农业企业要构建鲜猪肉产品闭环，靠自身实力不是做不到，发展慢、规模效益不高这两个难题很难解决好。松林公司的经营策略是“养优质松林猪只卖松林猪肉”，必须形成产品闭环，而且，这个闭环是一个价值闭环。

品牌创始人和团队再次体现了国际化视野，通过社会化、专业化分工和诚信联合，统一供苗、分散育肥、集中屠宰销售的方式建成“松林”牌鲜猪肉闭环。在这个闭环里，近百个种养结合家庭只负责养好松林猪，别的环节全部由松林公司负责落实。

通过产业链闭环，政府需要完成保障猪粮供给的任务，家庭农场需要分享到合理的品牌附加值，松林公司通过种养结合实现资源化利用，并形成可持续发展的生态链，获

得生态规模效应，“松林”品牌的附加值自然是闭环的核心，或者说，品牌附加值是产业链的灵魂。这是一条价值链，是“松林”品牌的价值链，也是松江区生猪、水稻产业的价值链。

松江区区、镇两级政府和松林公司都看到了这一点，在形成诚信联合的过程中，政府出面解决了近 100 个家庭农场猪场选址、猪舍建设的问题，松林公司向种养结合的家庭农场提供合理的养猪报酬，松江区农业农村委员会则通过种养结合、养地等方面的考核提高家庭农场的成就感、获得感。

“松林”牌大米产业模式几乎是“松林”牌鲜猪肉产业模式的拷贝。松林公司利用绿色、有机等方式实现“松林”牌大米附加值，那些享受到“松林”牌鲜猪肉附加值的种养结合家庭农场为“松林”牌大米实现标准化、规模化种植贡献力量。

由上可见，“松林”企业品牌的价值链由两大部分组成：经济价值和社会价值。

基于专业化分工合作的经济价值链前面已经讲清楚了，具体到家庭农场主的收益，2021 年 91 户种养结合家庭农场代养收入1 125 万元，平均每个家庭农场代养收入超过 12 万元。与松林公司签约的水稻种植家庭农场种植水稻面积 1. 2 万亩，公司以高于国家指导价收购稻谷使农场主们增收 432 万元。

“松林”品牌的社会价值内容更加丰富，可量化的是，让松江区 10 多万中小学生吃上优质健康肉，通过松林直营店、盒马鲜生和天猫旗舰店每天售出松林大米 4 000 吨。定性的价值是，通过获得国家级、上海市级各类金奖展示了松江、上海的三农形象，用品牌附加值稳定了“公司 + 家庭农场”的猪粮产业模式，在这个模式下，松江的生猪产业、水稻产业、生态环境和农业资源得到了最有效的保护。

三、培育品牌忠诚度

在品牌引领下，2021 年松林猪肉直营点数量达到 125 个，13 年间增加了 122 个。最近三年，拥有 712 位员工队伍的公司营业额稳定在 3.6 亿元以上。2022 年，松林公司将在上海市区推出松林精选体验店，目的是减少菜市场的直营店提升松林品牌的形象。这些数据，反映了松林公司稳健而不失速度的发展状况。那么，从松江田野里长成的松林公司前十年主销松江区，21 世纪第二个 10 年，松林产业链闭环才开始向上海市区、长三角辐射，松林品牌的利基市场在哪里？松林品牌的忠诚消费者构成是怎样的？

对于这两个问题，品牌创始人王龙钦有着非常肯定的答案：松江区超过十五万中小学生和背后的家庭是“松林”牌田园鲜猪肉的忠诚消费者，松江区广大消费者是品牌的利基市场。

为米袋子、菜篮子提供产品和服务的企业都重视团购，特别是学校团购。在学校越来越重视学生饮食安全营养的大趋势下，品牌产品胜出是一定的，因为学校肩负着学生的健康营养责任，教育部门对安全、卫生、优质产品认可，因此对产品价格并不敏感。

“松林”品牌形成规模量产后一直为松江中小学供应鲜猪肉，除了诚信，优质优价，和“松林”牌猪肉一直维持着上海猪肉品类强势品牌的形象有着很大的关系。“松林”牌大米在松江大米品牌成长过程中发挥了重要作用，基于自身品质和松江大米生态循环产业链构建者的形象，虽然没能全部搭上“松林”牌鲜猪肉销售便车，附加值依然得到体现。这一事实证明，只有强势品牌才能获得忠诚的消费群体。

品牌诊断

“松林”品牌的成长、企业的稳健发展不是偶然的，是时代的必然，了解“松林”品牌建设策略是看清必然性的最合适视角，从这个视角，也能务实分析“松林”品牌面临的现实和未来的挑战。

一、定位和聚焦

“养优质松林猪只卖松林猪肉”是松林公司的经营策略，紧跟着这个策略的“松林”品牌定位是“猪肉品类的百年老店”，虽然这个定位没有直接传播给消费者，品牌建设的一举一动都是围绕着定位展开的。

“松林”牌鲜猪肉的聚焦是坚决的，也是苛刻的，目的是鲜肉的优质可控。当环保三年行动导致无肉可卖了，松林就不卖肉；当松林猪形成规模后，松林公司投资 3 亿多元建起现代化屠宰厂，并接轨国际向市场推出冷鲜肉；当非洲猪瘟来袭，松林公司情愿一天只开一个小时也不承接外来生猪的屠宰业务。

“松林”牌鲜猪肉的聚焦为松林公司树立了鲜猪肉品

类、优质大米引领者的形象。开创了巨资引进荷兰风味种猪的风尚；创建了以品牌附加值为核心的家庭农场联合体闭环模式，实现鲜猪肉的标准化和周年量产；在家庭农场联合体闭环模式基础上通过优质优价订单模式构建“松林”牌绿色、有机大米闭环。

二、品牌传播策略

农业产业的特殊性决定了农业企业没有能力也没有必要通过广告等方式传播鲜食农产品品牌，松林公司的传播策略是千方百计提高产品品牌的可见度。

一是通过创新提升产品的安全性和品质，同时树立企业引领者的形象。上海第一个鲜猪肉品牌，上海第一个实现无抗养殖的企业，上海第一个获得绿色 A 级认证的鲜猪肉，囊括国家级、上海市级金奖，这些足以吸引公共媒介关注，品牌的曝光率因此得到保证。

二是通过符号系统提高品牌在消费者群体的可见度。2014 年，松林公司斥资 30 万元请品牌专业团队重新设计松林品牌符号系统，新 LOGO 以圆润的水珠为轮廓，以红、绿色为主，辅之以多重渐变色过渡，白色的“松林”两字嵌在红色里，寓意丰满，极具冲击力。一家扎根在生机勃勃的大地从事绿色高效农业的朝气蓬勃的松林企业形象，和被视觉刺激后形成的消费者联想保持了高度一致。“松林”品牌直营店统一的装修风格和“松林”品牌符号融为一体，消费者走进上海菜市场肉类区域，往往不自觉地被松林品牌专柜的装修风格和“回味真鲜美”品牌口号传递的价值吸引，品牌在中高档消费者群体的可见度由此得到保证。

三、“松林”品牌面临的挑战

“松林”是松林公司的企业品牌，过去二十年，“松林”品牌先后形成了 20 多个品牌产品，目前主推的是“松林”牌田园鲜猪肉和“松林”牌大米。从市场竞争力角度，“松林”牌田园鲜猪肉已经成为上海地产鲜猪肉品类的强势品牌，以绿色、有机为主的“松林”牌大米完全具备了上海地产优质大米强势品牌的气质，因为消费者对大米产品的价格普遍敏感，大米品类的优质不容易被消费者接受，“松林”牌大米可能达不到“松林”牌田园鲜猪肉的竞争力水平，其他品牌产品或多或少存在同样的问题。这是“松林”品牌建设面临的现实问题。

2018 年，松林工贸有限公司更名为上海松林食品（集团）有限公司，名称变更背后是松林公司经营决策的调整，即推出更多品牌产品，为“松林”品牌注入更多活力和价值。这意味着，“松林”品牌将迎来品牌经营管理的新时代。

“松林”品牌架构比较清晰，是基于松林品牌的组合，即不管是鲜猪肉、大米还是大肉包、大红肠，这些品牌都是“松林”品牌之下的品牌产品，而不是真正意义上的产品品牌，更不是子品牌，这些品牌产品都享受到“松林”企业品牌的背书，又以各自的方式为“松林”企业品牌积累下企业品牌资产。

以做百年食品老店为目标的“松林”品牌经营管理不能停留在这个层面，首先需要明确每个品牌产品的品牌角色，为未来推向市场的品牌产品或子品牌留出足够的空间。因为“松林”品牌之下的品牌产品消费者重合度不高，“松林”品牌的背书能力又不足以辐射到各个品类，有必要重塑品牌架构，如果能够确立品牌化组合的品牌策略，将有利于企业进一步发展壮大。

品牌化组合最大的优点是有利于推出针对不同消费群体的产品或品牌，又不会导致产品或品牌之间的冲突和混乱，也不会削弱“松林”品牌的品牌资产，企业还能够根据市场的需求推出子品牌，从而有机会获得强势子品牌带来的附加值。

品牌评论

上海市场是全球、全国各地中高档食品品牌逐鹿的高地，也是食品品牌建设福地。近水楼台的上海地产农产品要想赢得竞争，只有华山一条路——成为品类中的优秀品牌、强势品牌。

上海地产农产品品牌化必须深刻理解并利用好市场、人才、发展环境的优势，走通品类创新的道路，要做成百年老店，掌握品类优势还不够，还需要形成基于标准化的规模。松林公司围绕鲜猪肉和大米这两大品类成功创建了“松林”品牌，20 多年的成功实践比任何分析总结都更有说服力。

“松林”品牌得以成功最核心的原因是建立了以品牌为核心的组织管理体系。“松林”品牌的生命力在于品牌管理层把企业品牌视为农业区域公用品牌，联合松江区农业农村委员会创新探索种养结合家庭农场模式，并以此构建闭环产业链和价值链，从而有序实现了“松林”品牌的创建、成长、提升。农业的特殊性决定了农业品牌的特殊性，“松林”品牌模式及经验值得各方农业品牌创建者好好品味，“松林”品牌历程跟“松林”牌鲜猪肉一样“回味真鲜美”，值得正在推动中国农业产业化的三农工作者和农业企业创始人好好回味。

——中国畜牧兽医报社社长 刘 波

现场报道

创建农业品牌　谨防“没学会走就撒腿跑”

（载 2020 年 4 月 22 日《农民日报》）

在“山西药茶”区域公用品牌发布会上，省委书记和省长同时出席，省委书记还为品牌代言推介。这一举动不仅为山西省农业品牌化注入了新的动力，也为中国农业品牌化的春天增添了一抹亮色。

2014 年 12 月 3 日，《中国农产品品牌发展研究报告》发布，提出品牌化是中国农业现代化的核心标志。2017 年中央一号文件倡导区域公用品牌，神州大地农业品牌化春潮涌动。自此，中国农业品牌化的春天里，农产品区域公用品牌、企业品牌和“土字号”“乡字号”产品品牌竞相发展。

农业品牌建设取得了长足的进展，但从品牌建设组织的角度看，还存在两个方面的问题。

一是一些地方政府主导变成了政府包办。按照中国农业特点，政府主导农业品牌创建特别是主导农产品区域公用品牌创建责无旁贷。然而，一些地方政府不懂品牌建设应实施战略和战术相结合的规律，不懂品牌创建是基于品牌识别、品牌定位的竞争战略，以为只要设计一个 LOGO，想出一句品牌口号就万事大吉了，于是代替专业人员包揽一切。

二是一些地方政府过度依赖专业团队，做甩手掌柜。相比政府包办，这是另一个极端。品牌不是产品，品牌具有产品、组织、个性和符号四个方面的属性，专业团队的价值在于他们的“智识”服务，通过理性、专业地挖掘，梳理出产品特色、信用传承、地方文化等方面的差异化和个性特征，从而形成品牌识别和品牌定位。如果没有地方政府密切配合，不了解当地文化和产业历史，专业团队的工作成果很容易陷入虚空跑偏的漩涡，这样的品牌自然得不到消费者的认同。

从品牌建设目标的角度，同样存在两个方面的问题。

一是用“项目化”替代品牌创建的长期性、艰巨性。一些地方政府计划在很短时期内创建农业品牌，忽视了长期性；至于艰巨性，则体现在品牌的附加价值来自很多方面，如规模化、标准化、科技化等。不从战略上下工夫，品牌的价值可能始终超越不了产品价值。

二是监管缺失，不了了之。品牌创建需要多方面投入，一旦品牌陷于沉默，浪费宝贵的涉农资金不算，还会埋下很大的隐患。但是，有多少“僵尸品牌”的创建团队被问责?

从学习品牌创建的角度，存在的问题也不少，主要表现在品牌创建团队不愿学习、不善学习这两个方面。众所周知，品牌创建带着明显的跨学科特点，包括公共关系、广告学和营销专业在内的人独自承担品牌建设重任，确实有一定的难度，只有积极学习、善于学习，才能认识到品牌战略与战术辩证统一等方面的特性，才能事半功倍。设立一个品牌科室，却不注重营造重学习、善学习的氛围，哪怕成员个个都满腔热情，也难以避免干不成事的尴尬，甚至有可能好心办坏事。

那么，如何拥抱中国农业品牌化的春天而不留遗憾或者少些遗憾？笔者认为，首先要详细确认条件是否具备。成功创建农业品牌的首要条件是一个又一个的到位，即地方领导认识到位，品牌创建运营团队到位，产业优势到位，创建和运营资金到位，合适的专业团队到位，区域大众心理引导到位，市场分析到位等。当然，并不是说这些到位要一应俱全才能启动品牌创建，但是，我们不得不承认，这些到位，是有优先顺序的，不按照优先顺序思考并开展工作，不按照优先顺序努力完善品牌创建的基础条件，品牌就很难形成忠诚度、知名度，体现不出品牌的附加值。

“上海农乐”品牌

承担社会责任　哺育服务品牌

“做生物农药生物肥料要把社会责任放在第一位，‘上海农乐’就是要在绿色药肥一体化道路上与众不同。”

——品牌创始人　冯镇泰

品牌故事

20 世纪 80 年代末上海一幼儿园发生一起甲胺磷中毒事件，这个事件改变了物理老师冯镇泰的人生轨迹。1988 年，查阅相关资料一周后，冯镇泰毅然接下上海市科委的生物农药研发项目，校办工厂改名为上海农乐生物制品厂。中国微生物农药史上第一个扛起自主研发旗帜的企业被时代催生了。

农药行业的特殊性是产品研发投入大、周期长，中国农药行业经营管理者因此不约而同选择了仿制产品的经营策略。20 世纪 80 年代，生物农药在发达国家也是炙手可热，国外真菌杀虫剂只有 40 多个产品，而我国国家层面制定第一批五个生物农药产业化项目的计划是在 2001 年，2003 年绿色农药创制才被正式列入国家重点基础研究发展计划（973 计划）。冯镇泰一没有机会仿制，二也找不到地方学习，他接下的项目，是一块难啃的骨头。冯镇泰不是看不到项目的难度，曾经做过知青对农业农民怀有深刻情感、骨子里求变求新的他从另外一个侧面来理解这事，即上海有那么多高校、研究机构，如果这块骨头不难啃，项目也不可能落到一个中学的校办工厂头上，这块骨头不难啃，也不一定非要逼着自己走一条前无古人的微生物农药自主研发之路。

1990 年，冯镇泰以一己之力培育出蜡质芽孢杆菌，在那个化学农药紧缺仿制产品仍供不应求的年月，蜡质芽孢杆菌的问世并没有在行业内引起太大的轰动，但震惊了行业内的专家，是肯定的。旗开得胜，除了为后续产品研发提供了独一无二的菌种保障，农乐公司从起步阶段就形成了微生物农药品类的竞争壁垒，还为冯镇泰带来了中国微生物农药“第一人”的美誉度和知名度。

微生物农药“第一人”的声誉吸引了关注世界生物农药进展的专业人士，开放进取和舍得投入的冯镇泰也没让专业人士失望。2003 年，冯镇泰和其他科技人员合作成功研发出了第二个自主知识产权的绿色农药产品——申嗪霉素。

2008 年，蜡质芽孢杆菌获得国家科技进步二等奖。2010 年，申嗪霉素获得国家科技进步二等奖和上海市科技进步一等奖，两个发明都获得国家发明奖，并先后于 2009 年和 2011 年获得国家农业农村部正式批文。2012 年，自主知识产权生物农药产品开发取得重大突破，上海农乐推出多项生物农药一类新药。

冯镇泰成功培育出蜡质芽孢杆菌的同时，也构建了企业级别的微生物培养工程系统，这是一个学习实践的过程，也是开拓眼界的过程，他看到了世界农业科技的潮头，在研发微生物农药的同时开展生物肥料研发。

2021 年，上海农乐公司的经营额达到 12 亿元，其中生物农药经营额不到三分之一。和同行比，农乐公司的经营额不算大。冯镇泰并不以此为憾，他认为，农乐公司的品牌优势是明显的。一是自主知识产权系列产品的功能效果好；二是产品销售不需要通过经销商，农户得实惠，企业效益好；三是开创了药肥一体化服务模式，保证土壤保护、保产增产有实效，农乐企业品牌的社会价值因此提高。

“上海农乐”品牌在过去 30 多年发展过程中积累下的竞争优势，除了产品创新，还有应用创新和服务模式的创新。2003 年以来农乐公司形成了两大产品系列，一是以杀菌剂为主打的生物农药产品系列，二是生物肥料产品系列。共有 8 个杀菌剂产品获得绿色认证，包括蜡质芽孢杆菌母药、申嗪霉素原药、悬浮剂、粉剂、水剂。应用创新也分为两个方面，一是以套餐代替单品，二是向市场提供药肥一体化产品。服务模式的创新指的是通过基地示范让消费者省心、放心、安心，从而形成信任度和满意度。

2011 年之前，农乐公司主推“万绿”产品品牌以销售单品为主，与之配套的销售模式是传统经销模式。2011 年之后，农乐公司主动退出传统经销模式，甚至难得参加行业内的营销活动，转向以田间地头实效示范为主的经销模式。2016 年之后，这个模式进一步提升为示范基地经销模式，即通过示范基地吸引区域消费者。经营模式和服务模式的创新，是基于农乐公司聚焦产品创新、聚焦客户策略的成功，是“上海农乐”品牌聚焦策略的具体实践。

农乐公司研发出独具一格功能性价值生物农药产品之后，就把目光投向用户，进而聚焦了从事区域特色产业的规模种植户群体。在国家大力推进药肥双减提质增效的形势下，聚焦生物农药和生物肥料这两大品类的套餐产品开发。品牌建设工作也紧跟聚焦策略，2011 年之前无法注册“上海农乐”商标的情况下主打“万绿”品牌，把所有的生物农药产品都纳入“万绿”品牌旗下。2011 年，注册企业商标，2016 年同时注册“易农易乐”服务品牌和“一超一”产品品牌，名正言顺地为客户提供套餐式生物农药和生物肥料。

农乐公司选择 2015 年这个时间节点推出“易农易乐”服务品牌和“一超一”产品品牌，目的是通过生物农药和生物肥料套餐扩大企业在生物农药和生物肥料市场的占有率，而这个策略，并非公司跨界经营策略的结果，而是冯镇泰和他的创新团队在创业早期就定下的“药肥一体”经营策略。1990 年成功研发蜡质芽孢杆菌的同时，冯镇泰就启动了生物新产品研发项目，一直到 2002 年，新产品的效果相当不错，上海农垦使用下来证明，一亩地可以省 20% 化肥。

2015 年，中国现代农业在规模化基础上提出了药肥双减、提质增效绿色发展的战略性目标，在生物农药领域，农乐公司形成了系列产品的同时，市场也迎来其他企业的同类产品，“就是要和竞争对手不一样”的冯镇泰和团队迅速推出套餐产品品牌，这是聚焦策略的延续，是更好服务农业农民的初心使然。

2021 年，积累了品牌竞争优势的“上海农乐”引进大股东，开启了做强做大的新征程，相信中国生物农药行业和中国生物肥料行业会因为有“上海农乐”而怡乐。

品牌创建模式

在农资行业内，上海农乐生物制品股份有限公司是一家起步早、产品特殊的生物农药和生物肥料的生产商，自1988年至今“一心二意”经营生物农药生物肥料，独此一家。过去十年，绿色农资和种植业领域从业者逐渐看清了农乐公司服务种植业全产业链绿色发展的企业定位，如果细察农乐公司的经营决策和品牌聚焦策略，不难发现，农乐公司从创业之初就奠基了“创新种植业绿色发展的引领者”这个品牌愿景。35年的经营历程表明，农乐公司不仅仅是一个创新研发生物农药和生物肥料的生产商，还是一个创新药肥一体化服务模式、服务种植业绿色发展的服务商。认知到农乐公司的定位和品牌愿景，才能够理解过去十年农乐公司为何会自觉淡出农资流通行业，才能够理解为何农乐公司会推出绿色药肥套餐，才能够理解为何主动退出传统农资销售渠道而不断完善基地示范的营销模式，也才能够真正理解品牌创始人“为了承担起社会责任我们就是要与众不同”的执着。

当绝大多数农药企业以相同的姿势奔走在做大的路上，

农乐公司留下了与众不同的脚印：自主研发生物农药，形成具有自主知识产权的生物农药产品系列，接着形成自主知识产权的药肥一体化套餐，探索基地示范服务模式，推出“双原农乐”渠道品牌服务农产品优质优价。不同的脚印也留下了“上海农乐”品牌不一样的口碑，积累了具有区域种植业背景的消费者忠诚度。“就是要与众不同”的“上海农乐”品牌也因此收获了品牌资产。

一、创始人把创新气质转化为品牌创新基因

不管是什么行业，创新是所有成功的企业品牌所具备的共同组织属性，也是品牌创始人的共性气质。创新在品牌建设中的作用有大有小，甚至大相径庭，在品牌全生命周期中，如果能够保持创新的热情和有效行动，这一组织属性将成为品牌差异化的强大活力和生命力。农业企业品牌创始人无一不是抱着创新、改变的热情拥抱农业产业的，也认识到创新之于品牌竞争力的重要性，有的创始人走着走着，往往会陷入“改变即创新”的惯性思维，这是品牌建设的误区。品牌建设中，没有形成差异化竞争力的改变，是完善，或者提升，促成差异化竞争力的改变，才是品牌创新。陷入改变即创新惯性思维的品牌，就不能说拥有了品牌创新基因。

因时代需求催生的“上海农乐”品牌自诞生那刻起就是“华山一条路”，要么通过创新成长，要么因创新无力或

者创新成果得不到市场回应而消亡，1988 年，身为物理老师的冯镇泰自然是明白风险和挑战的。他勇敢接下科研项目，并把校办工厂改名为上海农乐生物制品厂，也是抱着必胜的信念的。必胜的信念来自他对农业、农村、农民的情感，来自大学期间拓宽了的眼界和培养起来的学习实践能力，也来自他与生俱来的改变自我挑战自我的思维，和创新的气质。

1990 年冯镇泰成功培育出蜡质芽孢杆菌不是运气，首先是目标明确，其次是方法得当，然后才是运气好抓到了蜡质芽孢杆菌这个点。也就是说，冯镇泰的创新思维和探索实践能力再加一点运气促成了自主创新成果。

农乐生物农药项目启动后，冯镇泰在松江的稻田土壤中成功分离得到蜡质芽孢杆菌，他独自一人怀揣菌种北上京城走进中国微生物研究所，请国家著名的微生物菌种专家进行鉴定，获得农乐首株也是中国首株的自主知识产权微生物农药菌株。回到上海后按照专业标准在公司内部建起了创新研发管理系统和微生物培养发酵工程设施装备，为企业持续创新研发构建了深基。

在研发蜡质芽孢杆菌过程中，冯镇泰对绿色农业的认知从农药领域延伸到肥料领域，求新创新和一脉相承的思路变得更加开阔，在继续研发生物农药的同时，于 1990 年开始研发有机肥料。通过当时的上海农场局试用，效果很不错，在保产的基础上一亩地可以省 20%化肥。因为当时中国种植业主要依靠化肥，生物肥料产品市场还没有形成，推广难度大，农乐公司的生物肥料仅在上海农场局范围内使用，未能形成更大的市场影响力。

1992 年，赢得“中国微生物农药自主研产第一人”声誉的冯镇泰拜中国生物农药泰斗沈寅初为师，物理老师改行为专攻生物农药的科技工作者，由此开启了专家型企业经营者的人生。

专家型企业创始人在没有为企业注入创新基因、没能形成企业创新文化之前，容易陷入创新和经营的误区：一是个人专注于企业内部的创新，很难形成开放、协同的创新格局；二是容易忘记企业创新的目的是为了更好服务市场，创新目标容易和市场脱节；三是在创新方面投入资源过多，成果产业化和推广应用力有不逮。在“上海农乐”品牌 30 多年的成长历程上，冯镇泰和团队先后经受住了这些考验。

申嗪杆菌的研发和产业化是很好的例证。1998 年，农乐公司看中了申嗪杆菌的潜力，筹集 50 万元买下了上海交大研发团队的申嗪杆菌知识产权，同时投入 50 万元实施深度研发。双方团队联手研发很快突破了产业化技术瓶颈，于 2003 年拿到申嗪霉素临时批文。这个例子说明，农乐公司创新团队从第一次开展联合研发时就采用了国际通用的产研模式，把开放、务实、奉献等元素注入企业创新文化之中。

因为这个创新文化，农乐公司先后与上海交大、复旦大学、江南大学、中国农大等高校共建了多所校企联合创新研发中心，上海农乐自主研发的生物农药、功能营养生物有机肥技术先后获得国家授权发明专利二十多项，公开发明专利六十余项，企业的研发团队和合作团队因此率先成为中国合成生物学技术生物农业领域的专业团队。

二、以创新行动聚焦品牌愿景

农乐公司的企业使命是“科技向善，让土壤更健康，让食品更安全”，企业的定位是“土壤生态发展一揽子方案的提供者！生物农资供应的引领者”！企业核心价值是“以民为本，竭诚为农”，企业的服务理念是“创研生物农资精华，制造药肥一体精品，践行生态低碳理念，全程服务绿色种植”。农乐公司至今没有明确提出“上海农乐”品牌的愿景。总结分析过去30多年农乐公司的行动，品牌的愿景当是“创新生物技术服务农业绿色发展农民增收”。

这个品牌愿景不是总结提炼出来的，是农乐公司一以贯之的创新行动投射出来的。

1990年前后，化工农药和化学肥料虽然已经不再是供不应求，社会各界也远没有关注农药化肥导致的农业面源污染问题，更没有形成千夫所指要求减肥减药的舆论环境，农乐公司在成功研发蜡质芽孢杆菌的同时启动了有机肥料产品研发项目，这是基于研发团队在研发生物农药的过程中深刻认知了化肥农药导致的环境、食品安全风险和生态恶化，是有意识的研发推广经营活动，希望原创高效的生物农药和有机肥减轻环境的压力，让消费者享受绿色安全农产品。

2009 年、2011 年先后获得微生物农药蜡质芽孢杆菌和生物农药申嗪霉素的正式批文，在农业农村部全国农业技术推广服务中心把该两种产品列入重点推广产品目录后，农乐公司于 2012 年推出多项自主知识产权生物农药一类新药，1%申嗪霉素悬浮剂还荣获第五届绿色农药博览会金奖。这些新药针对不同作物、作物的不同部位以及不同土壤环境的杀菌杀虫要求，农乐公司这么做不是为了卖出更多的生物农药，而是为推出更精准、效果更好、用量更少的生物农药组合式套餐产品，以更丰富的药肥双减内容引领市场需求。因为自 2011 年开始，农乐公司不再延续通过经销商卖单品的销售模式，而是主动跟传统销售渠道脱钩，并从各种行业订货会里退出来，把精力用于田间地头示范组合套餐产品的使用效果，让农户了解用得少效果一样好的好产品，让农民用上价格实惠的真正绿色药肥产品。

2015 年之后，这个体验式销售模式得到了提升优化，农乐公司不但推出了生物农药组合式套餐产品，还通过并购肥料公司推出由 13 个功能营养有机肥产品组合而成的生物肥料套餐，绿色“双减套餐”，同步在稻、麦、玉米主粮产区和苹果等特色产业区形成以基地示范引导农民使用绿色药肥“双减套餐”的市场推广模式。农乐公司还专门为农户使用农乐公司套餐提供保产保险服务，通过“双原农乐”品牌渠道帮助农户推广优质农产品实现优质优价。

在绿色农药和有机肥料行业，几乎每个生物农药公司和有机肥料企业都会传播“绿色、生物、有机”的使命和责任，但是如果没有提供类似“双减套餐”的能力，就不能保证粮食、瓜果、蔬菜等从种植到收割全程的用药用肥效果，不能实现药肥减量化的保产增产目标。“绿色、生物、有机”也就只是个概念，没法践行使命和责任。

“上海农乐”品牌的行动，既为自身的品牌愿景做了行动的“背书”，承担了应有的社会责任，也引领了绿色药肥行业经营者们的行动方向，归根结底，通过创新生物农资产品和服务模式，推进低碳绿色发展，成为生物农药肥料产业的引领者。

三、品牌策略紧跟经营策略

农乐公司 2021 年生物农药销售额 4 亿元，站在全国近 100 亿元的生物农药市场看，这个销售额可以排进全国前三，而其生物农药的综合性能则可以没有争议地排在第一的位置。而且，从市场反馈和农乐公司内部的评价结果看，“上海农乐”企业品牌的口碑在行业中名列前茅。

农乐公司以自主研发和产品做到极致蜚声全国，跟那几个成功的同行不一样的是，农乐公司不存在某一产品品牌口碑好过企业品牌的现象。一开始也是以产品品牌口碑胜过“上海农乐”企业品牌口碑的农乐公司，通过什么样的品牌建设实践扭转了不利的局面呢？是通过发明专利、获奖证书、高水平论文等软资产吗？

答案是，品牌建设策略紧跟了企业经营策略。

因为无法注册“上海农乐”、“农乐”企业品牌，在单品销售模式下，农乐公司虽然为每个产品注册了商标，各自命了名，但是在策略上并不要求突出产品品牌，而是注册“万绿”牌，把所有品牌产品统一纳入“万绿”品牌，以子母品牌的形式推向市场。

2010年注册了企业品牌符号后，加强传播企业品牌符号工作的同时，有意识地把“万绿”品牌积累下来的忠诚度、知名度、感知质量、品牌联想、专利等品牌资产导向企业品牌符号，在合法合规传播的前提下，把“上海农乐”四个字和企业品牌符号作为一个有机整体，积极引导消费者把“上海农乐”和企业品牌符号对等起来，从而强化了“上海农乐”企业品牌概念和认知。

前面已经介绍过，“上海农乐”企业品牌聚焦的不是小农户，而是从事区域特色种植业的规模化经营者，口口相传是形成品牌知名度的主要途径。考虑到2015年时企业品牌知名度还不足以为套餐品牌提供信誉背书，同时为了防止单品品牌被套餐产品品牌弱化，农乐公司于2016年先后注册了“易农易乐”和“一超一”品牌，分别对应绿色药肥一体化服务品牌和有机肥套餐品牌。这一品牌策略和农乐公司在田野上展示品牌的策略保持了统一，也和以基地示范销售产品的经营策略保持协调一做，还防止了“上海农乐”企业品牌信用的透支。

品牌诊断

2021 年“上海农乐”品牌经营额为 12 亿元，基地示范销售模式完成的经营额超过 95%，“上海农乐”企业品牌的口碑在行业中名列前茅，这些现象，足以说明具有自主知识产权的“上海农乐”生物农药和生物肥料在功能价值上具备竞争优势，在区域市场具备品牌竞争力，也就是说，在“上海农乐”品牌覆盖的区域市场，品牌积累了不错的资产。

过去 30 年中国农药化肥企业品牌大多经历了凤凰涅槃，“上海农乐”品牌能积累下这些品牌资产，不容易。正如前面提到的，是品牌创始人和团队始终如一的创新理念和持之以恒的社会责任心塑造了“上海农乐”品牌的形象，是卓越的产品性能、创新诚信的组织性能、务实的民享农乐关系构建了“上海农乐”品牌的差异化竞争壁垒，是品牌建设紧跟企业经营策略的正确行为，保障了企业品牌影响力和企业经营水平的协调发展。然而，一个有着强大的原创基因和社会责任心的企业品牌，在 100 亿元绿色农药市场上占有率不到 5%，“上海农乐”品牌的附加值显然没有得到有效开发。

这是“上海农乐”品牌接下来需要认真对待的品牌建设课题。

过去10年，农乐公司着重于品牌资产向企业品牌汇聚，这是正确的品牌建设策略，未来企业的成功，一定是企业品牌的成功。但是，分析现状，现有的品牌架构是不够清晰的，品牌传播的重点和层次也不够清楚。比如：“易农易乐”产品品牌在不少场合的可见度远远超过了“上海农乐”品牌，“易农易乐”品牌和“一超一”品牌的关系在包装上也没有表达清楚，等等。

未来，“万绿”“易农易乐”“一超一”应承担起各自的品牌角色。首先要从品牌管理入手，即明确架构，确定品牌角色，不然，品牌之间不但不能相互增色，还有可能导致混乱，这是产品多、企业品牌资产和信用不够强大的中国农业企业经常犯的错。

农乐公司目前的品牌架构比较符合组合品牌架构特点，即“万绿”“易农易乐”“一超一”互不干涉，各自形成品牌知名度和影响力，这个架构是存在不小风险的。且不说“易农易乐”品牌是“万绿”品牌和“一超一”品牌的上一层级品牌，单从产品功能分类，相互之间有比较多的重叠，在这个前提下，更应该采取品牌化组合架构，即以“上海农乐”企业品牌为最高层级，“易农易乐”“一超一”及未来的套餐式产品品牌作为第二层级。这样的架构，能确保消费者不混乱，也能保证企业内部明确各个品牌的角色，这是非常重要的一步。

在品牌传播方面，企业打造示范基地针对有效客户提供品牌体验和传播，是非常好的传播策略。需要改进的是，要把“上海农乐”品牌差异化定位和品牌愿景的传播放在首位，而不是简单地提供产品品牌体验活动，让农户只接受产品品牌的差异化。这是一个方面。

第二个方面，充分挖掘“上海农乐”品牌的附加值既能给那些愿意在绿色发展赛道上的农户带去更多利益，也能给企业带来更多的利润，还能为农业绿色发展引领者的形象增色，为“上海农乐”品牌积累更多品牌资产，是有百利无一害的行为。这就要求企业应当在提高“上海农乐”品牌知名度方面做更多的创新性的策划传播。

基地示范是向区域种植业从业者实施精准传播很好的自建媒介，其缺点是投资大、速度慢，农乐公司应该自建可见度更高的品牌传播媒介，通过完善品牌符号系统，向更多的潜在消费者传播品牌形象和品牌愿景。有效开展这项工作需要联合农业品牌建设专业团队，需要整合正在推动各地区域种植业绿色发展的政策制定者和农业管理者、种植业规模经营者的资源。

品牌评论

“上海农乐”品牌的差异化来自多年不懈的原创产品和服务创新，“上海农乐”品牌创始人为了培育品牌的创新基因付出了不亚于国内外伟大品牌创始人的努力。分析形成“上海农乐”品牌价值主张的四大要素可以发现，“上海农乐”品牌的功能属性、组织属性和个性化属性称得上是“特立独行”，和同类品牌比较，“上海农乐”品牌的差异化更丰富多元，竞争壁垒也更稳固，这是中国农业品牌化历程中的一份喜悦。如果未来品牌建设能够朝着专业化方向迈进一步，在精准传播时多一些针对潜在消费者的品牌传播，有理由相信“上海农乐”品牌的附加值将会迎来一个爆发式兑现的时期。

——中国畜牧兽医报社社长　刘　波

"润晨菜缘"品牌

经营模式化生的蔬菜企业品牌

"做强蔬菜企业，除了企业品牌，还要有强势产品品牌。"

——"润晨菜缘"品牌创始人　王　印

品牌故事

2021 年，“润晨菜缘”品牌创始人王印忙得几乎没有时间到基地发发呆。到自己一手打造的蔬菜基地发呆是过去十多年养成的一个习惯。“太来菜缘”品牌基地吸收消化了曾经的烦心事，关乎企业成长的决策，大多也是在菜地上“长”出来的。

2019 年企业经营上了一个台阶，总经营额超过了一个亿，2020 年继续高速增长，到了 2021 年，增长势头不减，上半年净菜、预制菜加工销售额就超过了 2020 年全年的经营额，达到了 8 300 万元。连续增长不是王印没能挤出时间发呆的主要原因，在建党百年之际，有更重要的任务等着他去完成。

上海润晨农业发展有限公司坚持二产三产反哺一产的 B2B 模式 10 多年了，企业的发展速度和效益也证实了该模式的成功，但是，他还是希望通过第五届上海市农村创业创新大赛和第五届全国农村创业创新项目创意大赛证实一下，他的“一棵菜成就三产融合”的模式到底有多大的价值，同时，希望通过大赛这个媒介，展示“润晨菜缘”品牌形象，传播“太来菜缘”品牌口号——吃田头（本土）菜，找太来。随着企业进入高速增长未来可期的新阶段，王印和他的团队越发感到创建品牌沉淀品牌资产的紧迫性。

王印对比赛结果还是满意的，“一棵菜成就三产融合”获得第五届上海市农村创业创新大赛成长组一等奖，接着获得第五届全国农村创业创新项目创意大赛总决赛三等奖。这个过程，结识了不少朋友，促成了和双汇等企业的合作。也是在这个过程中，王印更加明确了未来企业品牌建设的重点，即通过科技创新创建产品品牌，为企业不错过预制菜风口、为将来遨游预制菜市场蓝海新添一个动力源。

和从一开始就注重农业品牌创建成就了一番事业的“草根英雄”不同，退役军人王印进入蔬菜行业时并不知道品牌是咋回事，正是因为不知道品牌，“润晨菜缘”和“太来菜缘”两个商标在2021年年底才完成注册，也正是因为不知道品牌，王印更不知道他创业前后的系列理念、行为就是品牌创建的重要内容。

在创业前，王印充分利用了蔬菜批发市场高管的岗位便利，熟悉上海蔬菜市场及行情的同时，深入分析蔬菜供需痛点及产业链各环节的利益分配情况，比较分析他自己和其他从业者的优势劣势。2010年正式创业之后，第一时间引导团队积极争取好口碑，努力维护企业形象。不懂品牌理论的王印，他的所作所为涵盖了品牌创建的战略、战术分析，他的品牌实践，从二产三产反哺一产的经营模式到聚焦小品类绿叶菜，再到打出"吃田头（本土）菜，找太来"的品牌口号，是正确的，也是经典的。

润晨农业成长的十多年，是中国蔬菜产业化快速发展的时期，蔬菜经营从以散户为主走向规模化，蔬菜流通销售从以经销商、批发市场、菜市场为主转向批发、超市、专卖、新零售共生共存。蔬菜产业化的过程也是蔬菜行业各环节经营主体重新洗盘的过程。依靠种植规模获得规模效益和自营自销是这个时期蔬菜种植专业合作社、企业生存发展的两条可选路径，曾经一度做大的蔬菜企业，基本走的是这两条路。市场大浪淘沙证明了两点，大众化蔬菜种植必须解决规模化之后的销路，自营直销企业需要破解发展壮大天花板低的难题。

润晨农业成立于2006年，2010年确定B2B经营模式，确定通过配送服务反哺一产策略。这个经营策略是基于无法在规模化和自产自销模式中形成竞争力，而且，2010年服务世博会的收获也验证了蔬菜经营B2B模式的可行性，是市场趋势。

王印确信，模式制胜是商战的金科玉律，润晨农业快速发展一靠模式，二靠增加与时俱进的服务内容，小品类的规模化经营也是企业形成独特竞争力的法宝。

润晨农业从一个客户到60多个稳定客户，经营额超亿元后持续增长，利润率维持在20%以上，除了二产三产反哺一产的B2B模式，还有一个关键词——聚焦。在上海市民喜欢的小品类上，润晨农业通过聚焦解决了蓬蒿等小品类无法形成规模经营，不能四季供应的难题。通过太来合作社基地，润晨农业把小品类种植户聚在一起，保证他们获得以往的散户经营收益的同时，还让他们实现了种植技术的附加值，因此形成了包括大叶蓬蒿、米苋、广东菜心在内的小品类绿叶菜的规模化经营。

在新零售不断蚕食生鲜市场的进程中，大多数经营户因为产品没有差异化竞争力而被迫接受渠道商的标准及价格，失去自有品牌包装展示就更不用说了，相比较而言，“太来品牌”的待遇有天壤之别，在为盒马鲜生提供小品类绿叶菜时，润晨农业不但有标准制定权、自有品牌推广权，还有定价权。

这就是品牌的力量！

B2B 经营模式、二产三产反哺一产和聚焦这三大策略奠定了“润晨菜缘”品牌的竞争力，也把蔬菜经营环节的食品安全风险都纳入了企业管理中。王印和他的团队非常清醒认识到食品安全是农业企业的命根子，稍有差错就会陷入万劫不复的境地。怎么办？“润晨菜缘”品牌选择了以人为本和智慧管理相结合的方法。企业组建培养了一支高素质百人团队，其中 25 位拥有专科以上学历。整个经营流程采用神农口袋（种植环节）、蔬东坡（流通环节）和 GPS（配送环节）三大食品安全管理体系。

进入 21 世纪第二个十年，王印和他的团队有了新目标，现有的上海 15 万市民消费者成就了企业品牌的利基市场，在预制菜市场蓬勃发展的时期，“润晨菜缘”品牌将重点创建产品品牌，打造企业子品牌。

王印对于品牌价值的理解，进入了一个新境界。企业在预制菜领域慢了一拍，要想继续乘风而上，必须依靠科技创新创建预制菜产品品牌，形成竞争壁垒，把企业推上一个新高度。

品牌创建模式

2022年2月25日春寒料峭，阳光下的上海太来果蔬专业合作社默默展示着一年一个样、三年大变样的传奇。位于上海青浦区夏阳街道太来村的合作社是上海润晨农业发展有限公司的蔬菜基地，合作社品牌“太来菜缘”主要经营地产小品类绿叶菜，公司品牌“润晨菜缘”经营全品类蔬菜，包括净菜、预制菜。当天，董事长王印接下两个不小的订单，一个是为上海全家超市提供便当蔬菜即净菜，另一个是为上海政法大学提供全品类蔬菜。这两个订单，呼应了润晨农业B2B模式的辐射能力和口碑效应。

准确地说，企业至今没有完成商标注册，2021年年底国家知识产权局出具了“润晨菜缘”和“太来菜缘”商标注册申请受理书，但是，在消费者心里，“润晨农业”品牌不但存在，还有口碑，过去10多年里积累下15万人的蔬菜团购订单，口碑还挺不错的。

润晨农业拿什么沉淀下美誉度、知名度？

一、确立二产三产反哺一产蔬菜经营模式

来自权威部门的数据显示，2015 年之前的二十年，上海市场地产绿叶菜可比价格几乎没变，这是保护民生机制的胜利，也是上海从事蔬菜经营企业的压力，上海从事蔬菜经营的合作社、民营企业如何生存并谋得发展，是共性问题。2006 年跨进上海蔬菜行业的润晨农业也面临着同样的问题。不同的是，2009 年正式创业的润晨农业创始人王印是带着明确的“答案”的，他相信二产三产反哺一产的蔬菜经营模式能够胜出。

他的答案来自蔬菜批发市场的工作经历和经验，从部队大熔炉里成长的他看清了蔬菜产业链的利益分配规则：市场是铁打的营盘，蔬菜经营户是流水的兵，种植大户的成长质量无法跟经销商比。特别是上海地产蔬菜种植户，因为成本偏高，规模有限，大多数品类的竞争处于劣势，哪怕是蔬菜上市淡季也是如此。上海蔬菜经营户要想确立优势，必须实现地产小品类绿叶菜规模化、标准化，满足上海市民的消费喜好。

服务上海世博会是王印首次实践二产三产反哺一产的蔬菜经营模式，并顺利赚到了第一桶金，为企业经营积累了一百多万资金。看好农业，揣着数量不等的创业资本闯入蔬菜行业，从基地建设着手，是大多数蔬菜规模化经营者的群体像。追求 B2B 蔬菜经营闭环模式有两种途径，一

是从前端到后端，二是从后端到前端，王印的答案是后者，通过良好的配送服务求得生存积累口碑，利用服务所得到的利润反哺一产，壮大自有蔬菜基地，最终形成闭环。

十年之后，润晨农业在上海团购和地产蔬菜经营圈子里赢得了好口碑，企业声誉和企业经营额、利润的稳步增长保持同步。2018 年经营额 7 406 万元，利润率 15%；2019 年经营额超过 1 亿元达到 1.1 亿元，利润率 18%；2020 年经营额 1.3 亿元，利润率 20%；2021 年经营额为 1.62 亿元，增产率和利润率双双超过 2020 年。

过去十年，蔬菜经营企业被市场竞争倒逼进优化、维持、式微、出局四种状态之中。小规模蔬菜种植企业基本出局，依赖扩大种植规模的企业日渐式微，自种自营的企业维持原状，从经营规模经营效益稳定增长角度观察，比肩润晨农业发展速度和质量的凤毛麟角，预计未来三年年增长率 35%、利润率 25%的蔬菜经营企业，更少。

这个现象说明，民营蔬菜企业通过 B2B 模式持续成长是可行的。需要说明的是，润晨农业坚持 B2B 模式不变，但服务内容不断随着市场趋势、客户需求的变化做着调整，企业经营稳定增长，本质上是通过不断满足市场日益增长的需求获得的。

当净菜需求成为不可逆转的市场趋势，毛菜市场的蛋糕需要重新分割，润晨农业及时建立净菜车间，形成净菜配送服务。服务内容、客户、效益增加的同时，逐步夯实并壮大自有蔬菜种植基地即一产的经营。2020 年之前，润晨农业形成了近 800 亩自有蔬菜种植基地，这些基地主要种植广东菜心、大叶蓬蒿、米苋这三个小品类绿叶菜。

至此，润晨农业完成了 B2B 经营模式下的闭环构建，即一产蔬菜种植、二产蔬菜加工包装、三产蔬菜配送，企业进入稳定增长期。

财务数据支撑的稳定增长背后，是企业各种软硬件资产的沉淀。润晨农业组建了百人运营团队，其中 25 位拥有专科以上学历。企业建立了蔬菜种植端、流通环节、配送环节的质量安全管理体系。与生鲜电商、部队、医院、企事业单位共计 60 多家单位建立蔬菜配送服务关系，每天保障上海市 15 万人的蔬菜供应。硬件方面，企业拥有蔬菜配送车辆超过 30 辆，其中 8 辆菜篮子工程车。二产加工车间达到 1 000 平方米，办公区 500 平方米，冷藏冷冻库 300 平方米，常温仓库 500 平方米。

二、品牌创始人的品牌意识及品牌策略

不出意外，2022 年润晨农业应该成功注册“润晨菜缘”和“太来菜缘”，前者是润晨农业的品牌，提供全品类产品服务，后者是合作社品牌，以地产小品类绿叶菜为主。在企业正常运营 10 年后即将进入爆发式成长期才注册品牌，不能因此怀疑创始人王印的品牌化思维能力和实践技巧，他的品牌战略思维和品牌推广行为，已被企业稳健成

长证实。

2009年王印全身心运营上海润晨农业发展有限公司之前，他花了很大的时间精力分析蔬菜市场和产业链各环节经营者。润晨农业第一时间实践蔬菜“配送服务＋种植”的经营模式，除了基于上述分析，还基于一个新入行者和这些大户资源优势的对比分析。分析之后，王印发现了蔬菜行业经营环节的痛点，看到了蔬菜经营全产业链中种植环节可以实现的差异化点，看到了蔬菜配送环节的需求点，由此看准了还没有能满足市场需求的盈利点。最后，通过二产三产服务和差异化品类的规模化种植，积累下润晨农业的竞争力和品牌资产。

王印始终把自己定位为蔬菜行业的职业经理人，这个定位，成为润晨农业形成差异化竞争力、积累品牌资产的一大动力。职业经理人最大的特点是拥抱市场，通过分析市场，找到市场痛点，发现市场缺口，预判市场趋势，职业经理人和品牌创始人合二为一，保证了“润晨菜缘”品牌始终紧跟企业的经营策略。这些，恰恰是蔬菜经营企业普遍缺乏的。

十年积累，企业发展稳健而又不失速，收益结构为同类企业羡慕。2020年毛菜经营额2 000万元左右，净菜和预制品菜经营额超过8 000万元，配送服务经营额4 000万元。2021年上半年，净菜、预制菜销售额便突破了8 300万元，全年经营额达到1.62亿元，利润率近25%。作为一家民营农业企业，如果没能满足市场缺口，不能跟上市场趋势，这样的业绩是难以实现的。

回顾润晨农业发展历程，团队没有从一开始就结合品牌建设作出清晰定位，也没有明确品牌目标，团队对于口碑的追求，在树立企业形象方面，没有一刻松懈。特别是企业形象包装方面，润晨农业做了三个方面的成功实践：一是通过公共媒体树立企业和团队形象；二是通过政府背书树立良好的农业企业形象；三是通过基地展示企业优秀形象。

因为农业产业的特点以及农业企业、从业人员自身的局限性，不能利用公共媒体树立形象，是农业品牌创建的重大失策和失误。润晨农业从无名晚辈到青浦区主导产业“一棵菜”里的优秀一员，是获得政府背书和公共媒体宣传传播的过程。合作社基地自带品牌传播媒介功能，向外界展示上海顶级的标准化、规模化蔬菜园管理水平，以及精细化、智慧化管理效率效益。

因为重视口碑和形象，润晨农业得到了客户的认可，成长过程积累了60多家忠诚客户，最早接受润晨农业服务的单位至今还是企业的客户。

三、“润晨菜缘”品牌的聚焦策略

聚焦不存在市场痛点的蔬菜品类不是好的聚焦策略，润晨农业聚焦小品类地产蔬菜，目的不单单是增产提质，是从来没有实现过的规模化、标准化。

上海地产蓬蒿菜是上海市民必不可少的绿叶菜，也是“太来菜缘”合作社品牌的当家产品，在润晨农业形成蓬蒿菜规模化经营之前很长一段时间里，蓬蒿菜的经营格局是“夫妻档”，规模大多在一亩、二亩，经营户既不能形成规模化经营，更不能实现四季稳定供应。太来合作社改变了上海蓬蒿菜品类的经营格局，近50亩大棚种植基地实现了地产蓬蒿菜规模化种植，过去的经营户应邀来到太来合作社，发挥种植技术优势的同时，实现了技术附加值，而且，一年四季常年无休，大大增加了收入。

实现了蓬蒿菜的规模化、标准化，蓬蒿菜因此拥有了竞争壁垒，合作社在和盒马鲜生合作时便拥有了标准制定权和定价权，丰产丰收在这里成为稳定的业务，聚焦效应水到渠成。

在客户聚焦方面，润晨农业也有自己的原则。考虑到农业企业利润率不高资本不够雄厚的弱势，情愿花更多精力、资源去服务好有实力讲诚信的团购单位，主动远离孤家寡人式的团购单位，规避客户不讲诚信的风险。

四、打造年轻团队，为品牌注入活力

农业企业缺人才，在人才引进方面所受的制约又多，因此，是否拥有优秀的团队，是衡量农业企业是否拥有品牌知名度、影响力的重要维度，也是品牌差异化的重要组成部分。润晨农业团队固定成员不到 100 人，其中 25 人拥有大专以上学历，在农业企业中，这样的成员结构是非常难得的。

组建起这么一支在学历、年轻化方面有相当优势的优秀团队，一方面是多年坚持三产配送服务及二产净菜、预制菜反哺一产种植环节的结果，另一方面，是最近两年王印对企业做强的执着追求，他开始着手品牌创建和品牌经营。

2019 年，企业经营额超过了亿元，品牌建设的紧迫性随之而来，抓紧注册“润晨菜缘”和“太来菜缘”是一方面，另一方面，王印和核心团队正在抓紧落实强势产品品牌的创建，即创建具有科技含量的预制菜产品品牌。这是企业未来很长一段时间内品牌建设的重中之重，甚至可以理解为战略性品牌建设项目，没有一支充满活力的团队，这项工作是没有办法有效开展的。

总结润晨农业过去十多年的经营经验，企业创始人王印因为比较重视风险管控，决策没有失误，行动失误的也很少，遗憾也是有的，因为资金不足，进入蔬菜行业之前明知道净菜已经成为市场新宠却没能第一时间跟进，感受预制菜风吹十年也稍有犹豫。2021 年润晨农业布局预制菜业务，王印采取了团队建设和硬件设施建设两手都硬的策略，在团队建设方面，王印采取了年轻化、专业化保护企业创造力的策略，团队以年轻人为主，核心团队平均年龄不到 24 岁。

以年轻人为主的团队容易产生个性有余凝聚力不足的

矛盾，润晨企业的品牌文化将发挥作用，过去十年，企业沉淀下了“安全、规范、创造力”的品牌文化，在创建预制菜产品品牌的起跑线上，润晨农业不是新手。

五、用忠诚度为品牌注入社会价值

农业品牌的价值主要通过品牌资产和社会价值两个方面呈现，农业的特性决定了农业品牌的社会价值应该成为独立的量化指标。润晨农业十多年积累的团购客户基本能解释品牌的忠诚度；经营内容从毛菜到净菜再到预制菜，也能折射产品的感知质量和品牌联想；众多的报道，王印获得上海青浦区连续三届创新创业带头人荣誉，“润晨菜缘”品牌自创的“一棵菜成就三产融合”获得第五届上海市农村创业创新大赛成长组一等奖、第五届全国农村创业创新项目创意大赛总决赛三等奖，企业获得上海市农业产业化重点龙头企业，这些荣誉一方面为企业带来了知名度，也体现出了社会影响力。而“润晨菜缘”品牌的社会价值，很大程度上体现在“满足 15 万上海市民菜篮子”这个点上。

物色其他省市各类农产品品牌企业成为“润晨菜缘”品牌的供应商，是润晨农业团队正在为“润晨菜缘”品牌注入新的社会价值，通过品牌联合在上海大市场实现农产品品牌附加值，让更多的农民增产增收，是企业社会价值的直接体现。

品牌诊断

润晨农业团队将重点打造具有技术含量的预制菜产品品牌，并寄希望于产品品牌成长为企业子品牌，这个策略是有志于做强的蔬菜经营企业需要思考并积极实践的好策略。在现有的市场环境下，蔬菜经营闭环再完善、服务质量再提高，也难以形成竞争壁垒，只有形成类似地产小品类蔬菜规模化、标准化的经营模式，才算真正的竞争壁垒。没有竞争壁垒，企业、合作社的品牌资产终究是不足的，不利于企业做强做大。

在现有的条件和预制菜风口下，创建子品牌也是企业品牌建设的好策略。尽管润晨企业积累了知名度、忠诚度等品牌资产，因为资产还没有和“润晨菜缘”品牌名称、品牌符号形成关联，创建子品牌，是最合适的选择。如果子品牌能够成长为强势品牌，即便企业、合作社品牌知名度影响力不够的情况下，子品牌也能在未来品牌建设中扮演驱动的角色。

在着手准备及在创建子品牌的过程中，润晨农业的团队应该尽快利用自身媒介和忠诚客户把品牌资产转移给

“润晨菜缘”品牌，前提是完善“润晨菜缘”品牌的符号系统，提炼表达品牌精髓的口号。

目前润晨农业的自有媒介资源是相对丰富的，30 多辆配送车、近百个员工是传播品牌的流动媒介，加工车间、太来合作社基地是品牌愿景、形象展示和传播的空间，还有盒马鲜生等生鲜品牌渠道，也是“润晨菜缘”品牌和“太来菜缘”品牌的传播渠道。

实施品牌资产转移及品牌传播开始前，团队有必要确定“润晨菜缘”品牌、“太来菜缘”品牌、未来子品牌的组织架构，这是品牌管理很重要的内容。理清了品牌架构之后，才有可能针对性地开展品牌建设、传播活动，利用好有限资源，在不同的品牌之间有效分配资源，并且，从一开始就不会在外界和内部产生混乱。

品牌评论

二产三产反哺一产的“三产融合”经营模式为润晨农业攒下了口碑，积累了忠诚客户。通过构建地产小品类绿叶菜的规模化、标准化种植形成了周年供应的竞争壁垒，为合作社品牌成长打下了扎实基础。这两大优势为润晨农业稳健成长起到了保驾护航的作用，也为企业、合作社品牌积累下相应的资产。

任何品牌的创建需要专业团队和企业自身团队两个团队紧密合作，农业品牌建设往往因为过度依赖专业团队容易走弯路。润晨农业已经组建了一支年轻化专业化的团队，这是很好的资源，希望能够物色到投缘的品牌专业服务团队，联手明确品牌建设规划，在规划指导下有效开展品牌建设。

——中国畜牧兽医报社社长　刘　波

现场报道

“高原野味”式哗众取宠，就免了吧

（载 2020 年 5 月 3 日《中国畜牧兽医报》）

2019 年年底，一个省级农产品区域公用品牌——“青海牦牛”发布，引起了行业内关注，同时，其“青海牦牛，高原野味”的品牌口号也引发了争议。争议的焦点是，“高原野味”的定位是否正确诠释了“青海牦牛”的品牌识别，是否传递了“青海牦牛”品牌的独特基因和无惧高寒的强健气质？随着“青海牦牛”品牌传播直径不断放大，争议范围也越来越广。

笔者观察发现，争议围绕着两种观点展开，一是“青海牦牛”定位引起争议是好事，话题能带来关注度和传播力。另一种观点则从专业的角度分析，认为“高原野味”定位错误，在价值取向、消费主张等方面和消费趋势消费者形成了对立，如不加以调整，容易毁掉“青海牦牛”品牌，进而毁掉青海牦牛产业。

通过创意策划，“高原野味”这一定位确实能制造话题，是品牌策划传播的有效手段，前提是“青海牦牛”是“高原野味”，如果这一前提不成立，轻则属于哗众取宠，重则误导、欺骗消费者。判定“高原野味”定位正确与否，也同样要以青海牦牛是不是野牦牛为前提。

林业部、农业部曾于1989年颁布施行《国家重点保护野生动物名录》，野牦牛在列。2020年4月9日，国家农业农村部发布《国家畜禽遗传资源目录（征求意见稿）》，牦牛被列入传统畜禽。青海牦牛是带着野牦牛基因的家牦牛。也就是说，青海牦牛是带着野牦牛独特基因的放牧型家牦牛，是地方培育品种，不是野牦牛。

由此可见，“高原野味”的定位首先偏离了青海牦牛是家牦牛不是野牦牛的事实，因此其品牌宣传不得不面对哗众取宠、误导消费的质疑。在以往的品牌发展历史上，确有哗众取宠制造话题而“成功”建立知名度的案例，但是，如今消费者还愿意接受“高原野味”吗？

笔者通过多种途径征集包括品牌专家、农业品牌服务从业人员和中高端消费者的意见，80%以上的受访者第一反应是“拒绝野味”，10%左右的人先是认可“青海牦牛”广告的冲击力，认为好吃、会买，但当问及能否接受“野味”时，则明确表示拒食，还有不到10%的人没有针对“野味”表态。其中一位集消费者、农业科技工作者、年轻的妈妈三种身份为一体的女士的评价比较具有广泛代表性，她说：图片的牦牛给我以神圣感，我不敢吃，“野味”二字也会让我望而止步。

不能否认，对于“野味”，新冠肺炎疫情的爆发固然增加了消费者的排斥，但根本原因是消费者文明意识的提高，越来越文明的消费者会越来越理性。像“青海牦牛”这样的省级区域品牌的推介，没有预计到消费趋势的重大变化，是严重失误。

从品牌建设的角度分析，“青海牦牛”品牌完全可以有更好的识别和定位，避免“高原野味”带给消费者形象冲突、消费情感冲突等等负面信息，避免“高原野味”导致的青海牦牛品种提升和文化内涵的无视，避免“高原野味”放弃消费者情感利益和自我表达利益诉求。

雪山、草甸、青海湖，是青海牦牛独特的自然地理区位特征，不需要通过“高原野味”的定位来增加这方面的识别。品牌需要做的，是提炼青海牦牛的价值取向、价值主张及个性特征，提炼文化内涵，形成“青海牦牛”更加差异化的品牌识别和定位。遗憾的是，“高原野味”这一定位，恰恰忽视了人和自然、人和牦牛产业的互动，忽视了因互动而沉淀下来的文化因素。

政府主导的农产品区域公用品牌，被誉为做大做强区域产业、振兴乡村的金名片，然而，“青海牦牛，高原野味”的口号，却导致消费者打消了消费念头，这恐怕是青海牦牛这一品牌推介者所始料不及的。

“家绿”品牌

定位农产礼品的合作社品牌

“‘家绿’品牌为满足上海市民日益增长的农产品礼品需求而生，因农户共享溢价消费者获得满足而长，我以这个品牌感恩时代。”

——“家绿”品牌创始人　张春辉

品牌故事

上海家绿蔬菜专业合作社理事长张春辉还没从 2022 年 4、5 两个月保农产品供给压力中彻底放松下来，就琢磨开了“家绿”品牌未来如何能走得更稳健的事。特殊情况下的保供给一是考虑了合作社的生存，最主要的是尽合作社的社会责任，因为没有条件另外定制包装箱，保供给的产品只能沿用“农场礼品”定位的中高档包装箱，张春辉担心的是，这会冲击之前积累下来的客户忠诚度。

2016 年决定以工哺农投身农业的张春辉做了两个决策：一是创建定位为农产礼品的品牌，快速启动品牌建设；二是提升区位优势明显的基地，打造“农产礼品”体验店。松江区农业产业化水平跟上海各涉农区、全国现代农业发达地区比毫不逊色，松林鲜猪肉、松江大米、黄浦江大闸蟹等品牌在上海市场有不错的知名度，家庭农场主也期待通过品牌建设成为更体面的职业农民，张春辉的决策，还是在松江区叶榭镇和松江区三农圈子里引起了广泛议论，除了张春辉自己，几乎没有人看好“家绿”品牌。

张春辉有过三年从普通技术员到蜡艺生产厂长的历练，

还是在外资企业。2000年张春辉筹借资金10万元第一次参加广交会，获得订单后开始创业，创建“荣辉”品牌，专营香薰蜡烛外贸业务。2005年，善于营销的张春辉化解了欧美反倾销困局转向香薰蜡烛国内批发，2014年敏锐意识到电商时代的到来，毅然从批发转向天猫店，“荣辉”牌香薰蜡烛连续多年排名第一。2016年是张春辉的不惑之年，打小生活在农村，创业成功后也无偿帮助村里卖过松江大米，投身农业后所作的两个决策，不能肯定是深思熟虑的前瞻性决策，至少不是心血来潮。上海地产农产品礼品的品牌定位，除了具有独一无二的差异化特征，还抓准了消费缺口和现代农业发展的时代风口。

没有人看好“家绿”品牌也不是没有道理。上海市场偏好中高端农产品品牌消费，上海市民对地产农产品有偏爱，但是，上海都市农业的定位毕竟是保菜篮子供给、保城市生态，经营特色瓜果蔬菜农产品的家庭农场主效益有保障，也免不了出现卖难。经营具有品种、品质、品牌优势的松江大米，有松林等知名品牌的竞争。张春辉在互联网销售方面的优势和不了解农业的劣势一样突出，之前的蜡艺产品客户很难导向地产农礼品牌，“家绿”品牌形成知名度也需要时间，独树一帜的地产农产品礼品定位理想很丰满，理性的上海消费者买不买账真难说。

2017年，张春辉开出了第一家“家绿”品牌体验店——家绿基地店。这个店不在叶榭镇里，也不在松江城区，就在叶榭镇田头，距离沈海高速叶新公路收费口几分钟车程。这个店选址好，大厅简洁不奢华、“家绿”品牌产品布置整齐、亲切有品位的风格浓缩了品牌创始人张春辉对于地产农礼的理解和表达。如果编写上海都市农业史的人知道这个店在年关时一个月就能创下 500 万元销售的业绩，基地最多的时候涌入近 500 辆车，车上的人是慕名而来体验“家绿”农趣的消费者，完全有可能为上海第一家农产礼品店留下一笔，留待后人回望“家绿”品牌。

善于挖掘消费需求的张春辉很快发现，农产礼品的消费者集聚在城区，这些消费者往往带着感恩的心态进行消费，只要品质好且稳定，购物方便且消费体验过程和消费过程切实感受到品质、品位，就不会像普通消费者一样对农产品价格敏感，反而会成为忠诚消费者，成为品牌传播者。2018 年，张春辉在松江城区又布局了三家“家绿”品牌产品体验店，四家店的风格完全一致，“家绿”品牌通过口口相传吸引了越来越多的客户。

支持农产礼品定位需要系统性标准，从产品品质、购物场景、包装、现场和快送服务，一个环节掉了链子，消费者就可能质疑农产礼品的定位，而农产礼品的系统性标准制定又没有先例可循，标准化过低破坏品牌形象，标准过高不利于品牌的成长。张春辉和他的团队采取了逆向思维，从合作农户和消费者满意的立场出发，形成了品质标准和服务标准，即以农户认定的高质量产品作为品质标准，服务标准包括售前、售中、售后的全程服务标准，让消费者宾至如归还不够，还要让消费者在接受服务时身心愉悦，获得满足。

农产礼品不是奢华礼品更不是奢侈品，品牌溢价受到多种因素限制，严格落实这些标准让消费者获得满足感绝非容易的事，张春辉和他的团队把“链接”发挥到极致，通过链接和农户建立了愉快而紧密的合作关系，通过链接让消费者感受到真诚、热情和品牌信誉，包括即时接单、即时退款、赔一送一等，为“家绿”品牌构建起竞争壁垒。

就这样，“家绿”品牌通过口口相传积累了知名度和客户忠诚度，上海家绿蔬菜专业合作社的经营模式得到社会各界的认同，这种认同像无声的宣言，促进了“家绿”品牌的成长壮大。张春辉和他的团队接着思考起品牌黏度的问题，为了满足消费者体验需求，过去几年“家绿”品牌重点打造了彩虹农场和农趣乐园，这两个农场的定位类似于现代农耕小镇，消费者走进这里，可以全程体验“家绿”品牌产品的种养采收，可以近距离感受生物多样性，可以参与各种与农有关的文化活动，玩累了可以在葡萄架下品尝美食，在体验店里体验式消费。当然，提高品牌黏度的目的是其一，提升“家绿”品牌传播力度也是主要目标。和“上海家绿农产品”公众号一样，这两个基地一旦开放，将是品牌传播相当不错的自建媒介，很多消费者都会乐于参与传播的媒介。

农产品区域公用品牌定位礼品的不少见，实际运营过程中全程享受到礼品消费者礼遇的，很少，积累消费者忠诚度也因此陷于无解，上海家绿蔬菜专业合作社创建农产礼品定位的“家绿”品牌，5 年时间在上海形成了知名度和农产礼品品牌联想，拥有了忠诚的消费者，真的难得。

品牌创建模式

“家绿”是上海家绿蔬菜专业合作社品牌，“家绿”也是上海唯一的定位为地产农产品礼品的企业品牌，又是一个构建了种植、甄选、包装、体验、销售服务闭环的农产礼品渠道品牌。2021 年“家绿”品牌产品经营额为 3 500 万元，利润率仅为 10%，和专门从事农产品销售的合作社比较，经营额和利润率虽不差，也算不上出彩，如果从渠道品牌的角度统计，闭环营业额的数据至少翻一番。运营 6 年的“家绿”品牌的价值由此可见。

农礼，是大多数农产品品牌创始人、专业品牌服务商心之所系且有心实践的定位策略，斟酌再三不得不放弃的多，勉强为之的农礼品牌，难免落得名不副实的评价。“家绿”品牌的定位是上海地产农产品礼品，且以生鲜为主，从“道理”上讲，如此定位确实是一招险棋。工商巨头折翼中高端农产品品牌的故事不少了，一个只有千来万元资金的合作社却走通了农产礼品品牌之路，对于合作社来说可能只是一个成功创业的故事，对于中国农业品牌化进程，是一个难得的案例。

一、品牌定位向知礼消费者致礼

“礼”是华夏先祖治国四纲之首，是中华文明之精粹，华夏儿女勤修知礼明仪早成了中华文化现象。礼品作为中国社会各阶层最广泛使用的“礼”的具象，其物的功能远远逊色于喜悦之情和亲密关系，强调礼品的物的功能，用礼品的物的功能取代情感功能，除了送礼收礼者挖空心思，给社会带去奢靡攀比之风，对文明进步没有任何贡献。“家绿”品牌创始人张春辉坚持农产礼品品牌定位，是根据“知礼”消费群体和市场而定的。

张春辉在2016年这个时间点上投身现代农业运营“家绿”品牌，是巧合，也是审时度势的必然选择。那一年年底，中国农业农村发展思路实现了又一次重大转变，中央农村工作会议明确提出了“把推进农业供给侧结构性改革作为农业农村工作的主线”。张春辉确立上海地产农产礼品定位，完全符合时代发展的要求，他要向那些真正知礼的消费者致礼，用“家绿”品牌满足知礼消费者的需求——用优质农产品倡导健康品质生活，用优质农产礼品表达爱和感恩。

上海国际大都市的活力来自充满追求的人们，这些人的精神，通过各个时代新上海人的传承和发扬，凝聚成了上海独有的海派文化，养育了一代又一代上海人。到了21世纪第二个十年，上海以无可争议的姿势成为追求品质生活群体的集聚地，地产农产礼品的潜在消费者集中而庞大，这是张春辉判断到的品牌建设市场优势。

张春辉于 2000 年负债创业，经历过熏香蜡烛市场由全部外贸型到全部内贸型转变的风浪，成功创建了专营熏香蜡烛的“荣辉”品牌，他通过调研得出结论，即农产品品类更丰富市场空间更大，时势和市场需求两旺，以农产礼品定位的“家绿”品牌有成功的机会，这样的品牌更符合他的人生价值追求。

2017 年，家绿合作社第一家“家绿”品牌农产礼品体验店开张，这是上海第一家开在田头的中高端农产品展销店，吸引消费者的不是因为第一家，是货真价实的农产礼品和消费体验，这些效果，来自于张春辉对礼的理解，对知礼群体的了解。

按照张春辉的说法，他和团队只做好了三件事。第一是甄选了配得上地产农产品礼品的产品，第二是让消费者知道消费的是农产品礼品而不是其他礼品，第三是让消费者感受到礼品消费者应得的满足。

2018 年，为了让更多的消费者享受到“家绿”农产礼品，合作社在松江城区又开出了三家店。四家店除了所在区位不同，经营风格、服务标准是统一的，消费者不管到哪一家店，一样能体验满足。第一家体验店在年关创造了月度经营额达到 500 万元的记录，城区的店在营销活动期间曾经排起了近 200 人的长队，如果给不了满足的体验，消费者是不会买品牌的账的。

过去6年，共有18万个市民成为“家绿”品牌消费者，其中12万个消费者符合忠诚消费者的标准，光靠四家体验店吸引稳定的客源，积累忠诚度显然是不可能的，“家绿”品牌的生命力在于提供农产礼品的系统性经营标准。

二、形成“家绿”品牌农产礼品系统性经营标准

礼自然是有标准的，只不过礼的标准没有能形成类似产品或服务的标准，没能形成统一的知礼标准，而是慢慢演化成一些共识作为普遍的标准。“家绿”品牌的农礼标准采取了定量和定性相结合的方法，并通过品牌管理落实标准。严格意义上说，“家绿”品牌的农礼标准距离系统性规范标准还有一定的距离，但从品牌忠诚度、知名度、感知质量三个方面的实际效果分析，“家绿”品牌农礼标准的接受度和执行度没有拉后腿。这和“家绿”品牌农产礼品系统性标准涵盖了种植、甄选、包装、体验、销售服务整个闭环有关，是团队坚守一切标准都是让消费者得到农产礼品消费的满足之后的收获。

品质是农产礼品物的功能的概括，其中口感、饮食习惯权重不小，因此，农产品品质很难量化。另一方面，因为信任缺失，消费者面对农产品时也无法形成稳定的感知质量。“家绿”品牌运营团队提出了上海地产农产礼品的功能标准——上海地产种养加农产品中高端且品质稳定的产

品，获取高端且稳定的上海地产农产品，是对“家绿”品牌标准的时刻考验。家绿合作社通过两个措施经受住了考验：一是通过享受难以拒绝的品牌溢价让种植户养殖户成为家绿品牌紧密合作方，二是聘请紧密合作方作为家绿自有基地各品类的技术指导。这两个措施，其本质是品牌商、供货商、客户之间形成了某种心照不宣的品质标准，哪个环节出了纰漏一目了然。

相对农产礼品品质的标准，让消费者体验到全程农产礼品消费的满足，服务的标准更显重要，重要到足以构建农礼品牌的竞争壁垒，家绿合作社把服务的标准量化到了各个环节。比如线上接单响应时间、售后服务反应时间和即时满足客户要求等，特别是针对品质的诉求，“家绿”品牌根据消费者具体要求执行第一时间全额退款标准，或者执行赔一送一标准。现场采购环节，从客户进店到离开，全程按照礼品经营服务的标准执行，直到把礼盒送到后备箱为止。针对客户的快送需求，通过链接专车资源，基本做到上海市区一个半小时内送达。

“家绿”品牌的客户是追求健康品质生活和愿意表达爱和感恩的群体，农产礼品达到什么样的品质和服务标准才能有效积累忠诚度和感知质量，获得口口相传为主的农产礼品渠道品牌知名度，消费者数据是硬指标。2021 年，“家绿”品牌消费人数达到了 18 万，活跃消费者人数保持在 12 万人左右，这是任何一个定位为农礼的品牌翘首以盼的数据，生鲜农产礼品品牌用了5年时间积累下这么好的资产，实在是难得。

三、聚焦"满足"满足消费者多层次需求

知礼的消费者在礼品消费过程中更看重的，是满意、愉悦等情感需求和身份匹配等自我实现需求，甚至可以理解为，对产品物的功能的要求是为满足基本的情感需求。农产礼品在大自然中孕育而成，全过程得着了文明的滋养，因此，农产礼品品牌在满足消费者价值主张和情感需求方面可以比其他礼品品牌更具活力，一个能让"满足"成为消费者日常生活一部分的礼品品牌，其忠诚的程度足以成为品牌坚实的壁垒。

"家绿"品牌自2016年开始运营以来，聚焦策略是明确的，即让家绿的消费者感到满足。有效落实这一聚焦策略，尤其需要领悟消费者在整个服务闭环中的体验需求，然后创造条件满足需求。前面提到了"家绿"品牌体验店、快送环节的服务标准，是落实消费满足的重要环节，其实，过去两三年，家绿合作社一直在实践类似于"微型现代农耕小镇"的模式，通过改造两个基地，为"家绿"品牌忠诚客户提供体验现代农耕文明的美好之旅，这个旅程，既能够体验到"家绿"品牌产品从种源到产品的全程，近距离触摸到现代农业生物多样性，也能通过各类活动感受现代农耕文明的乐趣和价值，除了穿和住之外，在一个基地

里得到与现代农耕文明有关的消费满足。

家绿合作社基本完成了两个基地的转型改造，一个是彩虹农场，基地面积超过360亩，另一个是第一家“家绿”品牌体验店所在的基地，运营模式相同，体验的品类和活动则有所不同。两个基地相距三公里，满足一天的现代农耕小镇之旅，是没有问题的。因为团队把“满足”的要求定得比较高，“现代农耕小镇”至今没有正式开张，策划了一些活动试运营之后效果不错，口碑因此在忠诚客户群里传开。

让客户享受更多满足是“家绿”品牌团队打造“现代农耕小镇”的重要目标之一，还有一个目标是把这两个基地变成“家绿”品牌的传播媒介，即通过消费者的体验式场景传播，让更多的市民知道“家绿”品牌。

6年积累下12万忠诚客户，除了满足消费者需求换来的口口相传，自2016年运营品牌以来没有停止推送的“上海家绿农产品”公众号也起到了不错的传播作用，如果能结合消费者体验式场景消费实施有效传播，是“家绿”品牌自建媒介的成功实践，也是提升农产品品牌传播力的创新探索。

四、深度链接，沉淀品牌社会价值

农业产业链长，环节多，农业品牌的社会价值有可能体现在品牌价值链的每一个环节上，也有可能无法把品牌溢价引向社会价值，这跟品牌运营模式密切相关，如果一个品牌运营采用链接的方式实现闭环运营，共享品牌溢价的从业者自然就多了，品牌的社会价值也因此水涨船高。

在“家绿”品牌稳定溢价和社会价值的平衡方面，创始人和团队拓展了流行的农业品牌化思维模式——自建闭环创建品牌，执着转向深度链接，通过链接把闭环各环节上的合作者变成紧密合作者，一起融入“家绿”品牌事业，合作社则继续聚焦“满足”，做强品牌。

礼品品牌每个环节都比非礼品中高端农产品要求高，成本自然也高，深度链接能否达成紧密合作者一起融入“家绿”品牌事业的目标，有相当的挑战性。家绿合作社除了做好共享品牌溢价分配，还通过深度链接让合作者感受到自我实现。比如，合作社自有基地 500 多亩种养了近 30 种地产特色优质农产品，合作社明确规定这些产品全部纳入合作者的技术管理指导下，而且只用于客户的现场体验，“家绿”品牌产品仍然向合作者采购，无死角提供消费者的满足需求。

针对松江大米这个承担区域社会责任的产业，家绿合作社主动积极联合区域内追求品牌的企业创始人构建松江区优质稻米产业化联合体，推进松江大米区域品牌建设的同时，加快“家绿”品牌的辐射速度，为 5 000 多亩家绿品牌合作商提供溢价。

品牌诊断

“家绿”品牌的竞争力和资产积累，是团队运营品牌落实了差异化定位的成果，通过聚焦消费者“满足”形成竞争壁垒，为定位农礼的品牌实践做出了有效示范。在现有品牌知名度和可见度的情况下，保持品牌黏度，提升品牌附加值，是品牌运营团队未来要面对的考验。在社团消费升级的新消费时代，提升农礼品牌附加值的工作任重道远。

“家绿”品牌运营团队已经在着手准备面向上海消费者的全国各地农礼品牌——家绿农礼，还准备推出“彩虹农场”农旅品牌，因此，“家绿”合作社品牌将迎来三个品牌联袂登场的品牌建设时期，品牌运营团队能否完成预期品牌建设目标，挑战不小，风险也不小。

“家绿”品牌的聚焦非常精准，亟待改变的是应该尽快把现有的品牌资产向“家绿”品牌名称和品牌符号转移，树立上海市场农礼品牌第一块牌子的形象，把品牌与消费者的关系、品牌的价值主张通过品牌符号系统确立下来，然后通过自建媒介有效传播。也就是说，“家绿”品牌运营团队首先要提升农业品牌化素养，为“家绿”品牌制定品牌战略规划和落地计划，做不到这一点，“家绿”品牌现有的聚焦策略恐怕会因消费者的习惯成自然而缺少活力，“家绿”品牌的资产也会渐渐流失。

所谓成也萧何败萧何，“农礼”差异化定位引发的口口相传热情涨得快落得也快，除非品牌在给消费者提供情感收益的同时还能促进自我实现，这需要在品牌个性化方面下工夫。没有农业品牌的战略定力和执行能力，是很难实现的。

品牌评论

“家绿”品牌是第一个举起上海地产农产礼品旗帜的合作社品牌，这个定位是时势所趋市场所需，也确实是品牌创始人感恩时代的探索实践。“家绿”品牌的附加值很大一部分贡献给了社会，是品牌创始人的初衷，也是品牌建设所需，只要这个品牌活着，就起到了农产品区域公用品牌之下强势品牌的作用，这是不容置疑的。

也正是因为这样，“家绿”品牌的成败不只是合作社品牌事业的成败，还是一个区域、上海农业产业现代化水平的一面镜子。这样的品牌，不仅要支持扶持，还要社会各界共同的呵护。

——中国畜牧兽医报社社长　刘　波

“珍菇园”品牌

慢了一拍笑得更久的品牌

“做工厂化食用菌一定要有一颗做百年企业的恒心，恒心在，好运自来。”

——“珍菇园”品牌创始人　黄国标

品牌故事

经历了外贸一枝独秀、外贸转向内贸、内贸为主外贸为辅的中国食用菌产业化全过程的人不多，作为企业高层经历全过程的人更少，“珍菇园”品牌创始人黄国标是其中之一。2021 年，迈入食用菌行业 33 年之际，他迎来了接二连三的好事：上海永大菌业有限公司获得上海市高新技术企业和上海市科技进步一等奖；企业被农业农村部认定为 2021 年农业国际贸易高质量发展基地和全国农村创业创新典型企业；企业和黄国标个人被评为上海市乡村振兴先进集体和先进个人；黄国标被推选为宝山区农业产业发展联合会会长。

这一年，永大菌业经历了连续三年高增长后经营额达到 1. 48 亿元，国内市场和国外市场经营额之比为 8∶2。从营业额来说，永大菌业和上海的菌菇上市公司比还落后四个多亿，从市场、利润趋势分析，永大菌业是工厂化食用菌企业的榜样，一颗冉冉上升的明星。

无论是做出口生意，还是从出口转内销再到抢占国内市场，黄国标都踩准了市场的节拍。踩准了市场节拍是一回事，能否在市场竞争中胜出，是另一回事，这是被中国食用菌产业大浪淘沙的三十年证实了的。食用菌从传统向工厂化转型是中国食用菌产业的历史机遇，同样的产量，工厂化所需的土地面积仅是传统模式的1%，劳动力只需传统模式的2%，是现代生物技术和装备进步创造了这个历史机遇。21 世纪第一个十年，抓住工厂化趋势的从业者一下子把跟不上形势的同行甩在了身后，不少人因此被甩出了食用菌行业。

黄国标的亲身经历也证实了这个结论。黄国标是最早“嗅出”食用菌工厂化趋势的从业者，也是最早着手转型为数不多的从业者之一，上海永大食用菌有限公司的前身一度是工厂化食用菌的引领者。遗憾的是，当时的管理层过早预判了工厂化食用菌市场饱和的问题，结果是，黄国标和他的团队失去了本不该失去的难得的发展机遇。直到五年之后，黄国标遇上了新农村建设的时代机遇，才正式转向了工厂化，并于 2010 年着手引进国外技术和设备。

落后一步的食用菌工厂化该走什么样的路，黄国标用行动作出了回应。这些年，和黄国标走得近的同行基本上是食用菌工厂化跑道上曾经的“落后者”，他们在黄国标的启发下走上了同样的路——小品类食用菌工厂化道路。最近几年，金针菇、杏鲍菇、白玉菇等大品类食用菌规模效益逐年下降，亏损现象普遍，而香菇、平菇等小品类菇的效益明显好于大品类菇，市场前景明朗，实现了弯道超车的同行除了心生感激，甚至对黄国标有些崇拜。

同行崇拜黄国标不只是他的企业能挣钱，他们发现，黄国标能踏准国内外食用菌市场供需转向、消费升级的节拍。工厂化食用菌快速提升了菌菇生产效率、规模效益，同样提高了经营风险，这一点落后一步的从业者都看到了，所以不少人选择离开食用菌行业，能走到今天，确确实实受到了黄国标的影响，在小品类工厂化方面形成了各自的竞争力。

黄国标坚持一个判断，即工厂化意味着高效率和规模效益，同样是 B2B 经营模式，落后一步跟着跑的，势必会承担更高风险，只有通过创新走通小品类工厂化食用菌模式，才能掌握话语权。

工厂化食用菌经营模式和几十个生产商围着一个外贸客户转的竞争时期完全不同，落后一步者要想弯道超车，只有通过扩大规模降低价格才能抢到市场，而小品类食用菌工厂化意味着创新引进新品种、设施装备，完成技术消化或实现本土化，这条路走通了，竞争壁垒也就形成了。

这其实就是工厂化食用菌企业的品牌化道路，抱着做百年企业的从业者所走的路。

2010 年到 2013 年期间，黄国标和他的团队先后完成了新产品、新设备的引进和本土化工作，组建了一支高效的研发团队，通过科技创新和应用创新形成优质产品闭环。2012 年年底，永大菌业成功注册“珍菇园”品牌，正式开启了以品牌参与市场竞争的发展阶段。

截至 2022 年，永大菌业拥有了国内 22 个基地，另有美国加州、韩国、日本、澳大利亚、新西兰 5 个国外基地，产品出口 20 个地区，积累下了肯德基、食行生鲜、大润发等在内的近 40 个主要合作伙伴。位于上海市宝山区天平村的工厂，每天培养的菌包数量稳定在 5 万到 6 万包。过去 20 年香菇出口企业超过 400 家，如今只剩下 7 家，永大菌业排在首位。如果要下一个结论，一定指向品牌的竞争力。

2012 年注册“珍菇园”品牌后，永大菌业没有大张旗鼓传播品牌，为了保证品牌可见度，永大菌业主要借助了地方政府和客户传播两个途径，拥有这两个途径不是靠关系靠交易，靠的是创新带来的共赢。

2017 年，永大菌业通过技术创新构建起了 B2B 生态循环产业链闭环，这个闭环消化了宝山区内所有的农业废弃物和城市绿化废弃物，为乡村振兴作出了特别的贡献，因此，永大企业成为宝山区各级政府展示宝山区乡村振兴水平的示范点，永大菌业的企业形象因此传遍全上海。在天平村工厂内，企业形象和品牌符号通过车间合理布局、墙绘展示、员工着装等方面吸引客户，通过客户口口相传差异化的产品和形象，又吸引更多的客户。

在成功培养出灰树花新产品之前，永大菌业二十多个产品各有产品品牌，考虑到市场及消费者的聚焦和品牌可见度，在上海市场，永大菌业产品基本统一使用“珍菇园”品牌，在上海有机菌菇市场，“珍菇园”品牌的香菇市场份额超过 20%，秀珍菇市场份额也近 20%，灰树花市场基本是独家经营。黄国标和他的团队意识到，依赖一个产品品牌打天下的时代已经过去，品牌辨识度决定消费份额的时代到了，品类的竞争将进入强势产品品牌时代。在永大菌业独步上海灰树花产品市场的机遇面前，团队正着手部署强势产品品牌创建工作。

品牌创建模式

2010 年正式跨出工厂化一步时，相对于上海工厂化食用菌“雁阵”前列的企业，永大菌业落后了 5 年左右。面对工厂化食用菌的必然趋势，落后一步的“珍菇园”品牌于是走上了一条独特的工厂化道路，并在随后的 10 年里顺利进行了客户优化，从外贸为主让度到国内市场经营额占企业总经营额的 80%。

2015 年左右，那些以种植规模取胜的工厂化食用菌企业进入残酷的价格竞争通道，“珍菇园”品牌则尝到了差异化竞争的甜头。2019 年，永大菌业产值首次超过亿元，随后两年，以“珍菇园”品牌为主的经营额及利润增长率都保持在 15%以上，成为上海市宝山区涉农企业第一品牌，在上海这个众多工厂化食用菌企业品牌竞争的大市场里，“珍菇园”的知名度和影响力不容小觑。

我们一起来看看慢了一拍的“珍菇园”品牌如何成为后起之秀的。

一、个人形象和产品品牌互促共进

在食用菌行业耕耘 30 多年，黄国标个人形象在行业内有口皆碑，低调务实的黄国标对此也深感自豪，颇感荣幸。同时他承认，"珍菇园"品牌成长的 10 年，是他个人形象和"珍菇园"品牌互促共进的 10 年，没有以诚信为本的个人形象，"珍菇园"品牌的成长、影响力的提升可能会更慢，道路会更曲折。

诚信是所有经营者的职业道德，消费者对农产品的安全性要求更高，对农产品经营者的诚信要求也相应提高，因此，通过诚信树立个人或企业品牌，不是一件容易的事。食用菌行业是以出口贸易带动发展起来的行业，绝大多数企业采取 B2B 经营模式，贴牌、以次充好在行业内是公开的秘密，摸着石头过河环境下急着富起来的中国食用菌经营者要坚守诚信，不比走蜀道容易。道者反之动，越是这样的行业，诚信就越是显得珍贵。

从福建到上海，黄国标经历过众多中国食用菌经营者围着一个外商竞争的极度困难时期，也经受了一夜暴富的种种诱惑，近三十多年的诚信坚守，是一件件小事堆积起来的。他坚持只有不到位的服务没有不讲理的客户，不管多大的生意首先要有自身产品和服务存在质量问题的意识。面对产业链的弱势群体，不管来自天南海北，磅秤永远公平，付款精确到分。

时间是个人诚信的量杯，创始人的诚信是企业诚信文化的催化剂，过去 10 年，黄国标先是用个人诚信为“珍菇园”品牌背书，随着品牌的成长，品牌美誉度又反过来为企业诚信添砖加瓦，沉淀下来的诚信企业文化，则为“珍菇园”品牌好口碑补充养分。

“珍菇园”品牌的健康成长，可通过两个例子加以说明。第一个是来自行业的权威统计，中国从事香菇出口贸易业务的企业曾多达四五百家，如今只剩下 7 家，永大菌业排在首位。第二是当年从福建进军上海抢夺食用菌出口业务的近三十家企业，如今仍延续早期出口业务的只剩下了永大菌业一家。没有黄国标个人口碑和“珍菇园”品牌口碑的加持，是难以做到的。

二、从美学角度阐释品牌就是符号

品牌依靠差异化定位价值主张并以此和消费者建立稳定的积极的关系，美的成分往往是无意中或者潜移默化中就能打动人心的好东西，品牌是一个名字，一个符号，消费者眼里的美，很大程度上是受了品牌名字和符号的影响。黄国标为此投入了不少智慧和心血。刚刚踏入食用菌行业时，他把企业取名为“富民食用菌厂”。到了上海，他和合伙人成立了超大（上海）食用菌有限公司。2019 年，为了企业更好的发展，也为了聚焦，黄国标花费了不少精力成功注册上海永大菌业有限公司。

2012年12月，企业成功注册了“珍菇园”产品品牌，这个名字一是让消费者立马联想到“菇”，二是联想到“珍贵”，三是形成了健康美好环境下出精品的信誉联想。同时注册的品牌符号即珍菇园LOGO，特点也相当突出。

即便消费者没有注意到外形呈“菇”状的符号是由珍菇园拼音的首字母Z、G、Y组合而成，通过图像与文字的组合，很容易产生直觉，并激发消费者产生绿色健康、好菇等方面的联想。

这个LOGO不是专业广告公司的出品，也没有花钱请人设计，从模糊的概念到符号的真实呈现，是黄国标和一位老朋友灵感和智慧的结晶。这又一次证实了农业品牌创建的朴实的道理，即只要用心，用美去阐释事物，一个好的符号并不需要花大价钱。

符号的价值在于通过可见度让客户记住，由记住而了解，由了解而喜欢，从而成为品牌最好的资产。

B2B商业模式下提高品牌符号可见度的传播媒介很多，考虑到农业企业投资大回报周期长等特征，应以尽量小的成本获得传播品牌的效果，真正懂这个道理的品牌创始人其实并不多。意识到一个好名字、设计一个好的符号能够提高知名度的品牌创始人有，从品牌战略的高度思考好名字、好符号的品牌创始人，很少。一个好的名字好的符号能吸引媒介传播，这样的例子其实是不少的。“珍菇园”品牌的实践，具有启发性，值得借鉴。

当然，不传播无品牌，好的名字和符号也需要传播。“珍菇园”的策略是形成比较完善的符号系统，实施整合传播。

走进永大菌业有限公司的人会形成两个难以淡忘的感受：一个是机械化程度高，生产车间根据菌菇工艺流程规划布局，除了采菇环节，从原料到装袋、接菌、出菇，机械化程度高且可见度高；二是从企业文化展示厅到办公楼道、车间通道，有明确有序的品牌及企业文化展示。在并不宽敞的展示厅里，以“珍菇园”商标为中心的合作伙伴LOGO同心圆展示了近40个主要的合作伙伴，在消费者心里有着高知名度的肯德基、盒马鲜生、大润发等品牌LOGO看似随意其实组成了一幅美好的关系图，展示着和“珍菇园”品牌的关系。员工的工装上，前胸是“永大菌业”四个字和“珍菇园”商标，背后是大大的永大菌业四个字。不管是面对面，还是看着背影，企业名称和品牌符号到处可见。

除了企业内部主要针对客户的品牌展示，“珍菇园”品牌还坚持强化消费端的展示，即对直接消费者和潜在消费者的展示。在超市专柜等渠道，永大菌业首先考虑的是品牌的展示，而不会先想到为了省钱而放弃展示品牌的机会，这是一。第二，在和品牌电商渠道合作时，首先争取的是“珍菇园”品牌统一包装，而不是为了提高眼前的利润放弃自有品牌，成为品牌渠道商的原料供应商。其次，鲜食产品以有机产品为主，以此强化消费者的感知质量。第三，利用菜篮子配送车这个流动的媒介，想尽办法突出“珍菇园”品牌符号。

三、高效创新，树立小品类引领者形象

在机械化和技术体系保障之下，“珍菇园”品牌之下的产品如香菇、平菇、秀珍菇、姬菇等等都实现了规模化种植和周年供应，通过全国 22 个基地和美国加州、韩国、日本、澳大利亚、新西兰 5 个国外基地，产品出口 20 个国家和地区，到达了 5 大洲。

在国内最重要的上海市场，“珍菇园”品牌主打产品的市场占有率基本超过 20%，好看好吃的新产品灰树花（舞茸）多渠道占领上海市场。核心团队和员工兴奋的情绪和振奋的状态，也如独占鳌头的舞茸新产品一样，安静生长，如歌如舞。很多企业没能把生意欣欣向荣和员工的良好精神状态有机统一起来，根本原因是企业做的是产品，谋的是生意，不是培育品牌。企业只是围绕利润是无法为员工带来满足和自我实现的，品牌，可以。也只有品牌，才可以。

工厂化是食用菌产业的历史性转型，根据现有工厂化菌菇行业现状及菌菇技术储备分析，下一次机遇可能遥遥无期。落后一步的“珍菇园”品牌在 10 年内成长为上海市场的知名品牌，确实得感谢品牌创始人黄国标和团队的理

念，要不是当年确定“创建知名品牌打造一流企业”的企业愿景，就不一定能形成“质量、人才、诚信、效益”的经营理念，也就不会有“珍菇园”品牌走出一条高效培育新品类的差异化发展道路。

落后了5年的“珍菇园”品牌从一开始就决定放弃追赶金针菇、杏鲍菇、蟹味菇、白玉菇这些品类的企业，选择了引领小品类工厂化的角色，这个过程中的技术创新和应用创新，为品牌建构了竞争壁垒。

工厂化食用菌一靠设施二靠技术，“珍菇园”品牌的策略是走出去请进来本土化。

在品种选择、设施选用过程中，黄国标和核心团队投入了相当大的时间成本，根据对菌菇市场趋势的判断，先后到日本、韩国、法国、荷兰等地考察调研，掌握第一手品种技术信息的同时，思考引进的品种、技术的本土化工作。不管是什么品类，工厂化食用菌模式首先是基于全年稳定生产的目标，必须突破从原材料到菌菇管理各个环节的技术消化和本土化难题。企业在后续发展过程中能够及时消化木腐菌原材料成本高的难题，在不断提高产品质量的同时逐渐提高原材料中的稻秸秆比例，都是走出去请进来本土化策略的成果。

“珍菇园”品牌在本土化策略指导下取得明显提质增效的同时，通过技术创新大幅提高稻秸秆、农林绿化废枝条枝叶替代木屑的量，如香菇、灰树花产品原材料树枝树叶含量达到80%，姬菇原材料的稻秸秆含量超过了50%。企业建构起来的循环农业实实在在解决了整个宝山区的农林绿化废弃物，也真正实现了变废为宝。永大菌业除了在经营上获利，承担起了别的农业企业难以承担的社会责任，循环经济的闭环也赢得了社会各界特别是地方政府的信任，品牌自然积累下了社会价值。

和竞争者比较，永大菌业的种植端能力不算强，营销端的实力则令同行羡慕，这是拜"珍菇园"品牌竞争力所赐。"珍菇园"品牌在菌菇小品类市场中独占鳌头，背后是技术创新团队的高效创新能力及科研成果的转化能力。

2020年，永大菌业跟上海市农业科学院联合攻关的项目"香菇种质创新和系列新品种培育及产业化关键技术研究与应用"获得上海市科技进步一等奖。2021年，平菇新品种"永姬1509"和灰树花"永大1号"获得上海市非主要农作物品种认定。企业强大的创新能力和市场转化能力，有赖于企业技术团队和市场需求的无缝对接。

在永大菌业，科研人员的新成果能够第一时间通过生鲜品牌渠道推向市场，消费者对新产品的真实态度也能第一时间反馈给新品种培育者，信息准确、及时保证了科研人员改良新品种的效率，从而形成新产品输出——消费者反馈——针对性改良——新产品输出的快速反应机制。在这个机制下，高效培育出消费者满意的产品就是水到渠成的事，科研人员获得成就感的同时也树立起不可替代的形象。企业给予科研人员一定比例的股份奖励，便是皆大欢喜的结果。

四、绿色循环模式沉淀品牌社会价值

永大菌业工厂化慢了一拍还能迎头赶上，是借了宝山区乡村振兴的时代东风的，“珍菇园”品牌聚焦小品类进程中除了让宝山区部分农民变成产业工人、通过品牌让更多菌菇种植户实现丰产丰收，还着力于生态循环农业产业链的构建。通过技术创新提高木腐菌原材料中废弃树叶、稻秸秆的比例，以此参与到美丽乡村建设和生态建设中，是企业社会责任的重要体现，也是沉淀品牌附加值的不错路径。

永大菌业在传播企业形象时有多种选择，他们往往把循环经济绿色发展模式作为重点内容，这是“珍菇园”品牌传播的与时俱进，最重要的是，品牌对宝山区循环经济农业绿色发展作出了真切的贡献，如果做不到货真价实的贡献，再好的传播也是虚假广告，对品牌声誉极其不利。

2014 年永大菌业开始探索以稻秸秆代替木屑的循环经济试验，2016 年试生产，2018 年完善设施正式运营至今，“珍菇园”品牌旗下产品都纳入了高质量绿色发展的轨道，即通过品种、栽培技术创新，提高原材料中稻秸秆、园林绿化废弃树枝、葡萄藤、果树条等农林废弃物的比例，生态菌菇采摘后，菌渣作为优质有机肥还田。其中，姬菇原材料中稻秸秆比例甚至超过了 50%，成为行业里的佼佼者。

在构建、完善循环经济和绿色发展模式的过程中，“珍菇园”品牌除了获得社会、市场声誉，还获得了多项发明专利和实用新型专利，拥有了自主知识产权的新品种。“永大 1 号”和“永姬 1509”就是这么来的。发明专利、实用新型专利、新品种是鲜食为主农产品品牌产品功能属性的最好背书，也是品牌无形资产的组成部分，是品牌竞争的主要壁垒。“珍菇园”品牌的竞争力，因此而得。

品牌诊断

工厂化食用菌经营模式将延续不短的生命周期，大健康理念引导下，食用菌消费市场的竞争将趋向于同品类强势产品品牌的竞争，在某些品类，极有可能是强势品牌主导下的市场竞争格局。食用菌产品不是快消品，很少会采用组合品牌策略，选择品牌化组合、背书品牌、强势子品牌将会是品牌管理运营主流。据此，永大菌业品牌建设存在两大不利因素：一是“珍菇园”产品品牌算不上单品类强势产品品牌；二是目前没有较好的企业品牌资产为未来的子品牌即新的强势产品品牌提供背书。

2012 年 12 月注册“珍菇园”商标，2015 年 2 月注册“好菇年”商标，2020 年 11 月注册“菌情 1 号”，品牌创始人和团队创建强势产品品牌的意图是明确的，分别对应着鲜食菌菇、初级和深加工品以及干货，在上海鲜食菌菇消费市场主打“珍菇园”品牌，也反应了品牌建设紧跟企业经营策略的理念。同时，品牌创始人黄国标决定创建新的强势产品品牌，也是一脉相承的。永大菌业品牌建设必须面对的主要是两个问题：一是是否能把“珍菇园”品牌的知名度、感知质量等资产转化为企业品牌资产，为百年企业夯实背书人品牌的根基；二是如何更有效地创建单品类强势子品牌。

“珍菇园”品牌接受了10年市场洗礼，通过小品类形成了竞争力，也沉淀下了的一定的品牌资产，但是，“珍菇园”总归是产品品牌，“珍菇园”品牌可以继续充当现金牛角色，也可以暂时作为驱动品牌角色，但品牌的资产是不容易转移为永大菌业企业品牌的资产的，也很难为未来的强势子品牌提供资金之外的帮助，这是永大菌业需要面对的。

关于打造单品类强势子品牌，在目前独家经营灰树花品类的有利条件下，应该尽快形成明确的差异化竞争策略，利用差异化定位和消费者形成积极的关系，积累品牌的忠诚度、知名度、感知质量、品牌联想资产。首先要判断子品牌的市场区隔，也就是说要第一时间确定市场是上海，还是华东市场，或者是全国范围，确定了市场区隔，才能有的放矢开展品牌传播，尽快提升品牌知名度和影响力。

永大菌业正进入一个百年企业最重要的成长期，应该在品牌建设方面投入更多的智慧和心血，厘清品牌架构，按照品牌建设规律展开品牌建设活动。

品牌评论

突破小品类工厂化食用菌品种、技术难关，并形成循环经济产业链闭环，是“珍菇园”品牌最厚实的竞争壁垒，在 B2B 模式下，这个竞争优势是很难被超越的。但是，品牌拥有这个优势还不够，在生鲜渠道品牌和社区团购不断抢占鲜食菌菇市场的竞争形势下，品牌也要通过提升 B2C 知名度、影响力维持竞争优势。希望通过单品类强势子品牌建设活动，改变目前“珍菇园”品牌在 C 端知名度、影响力还不太够的状况，为企业积累更多的品牌资产。

——中国畜牧兽医报社社长　刘　波

现场报道

品牌建设路上，也会有“翻车”事故

（载 2020 年 9 月 12 日《中国畜牧兽医报》）

过去的十年，农业品牌化浪潮气贯长虹，到了很少有三农工作者不谈农业品牌的程度。形成如此有利于推进农业品牌化的形势，一是得益于各级政府部门“有形之手”的强力推动，二是市场“无形之手”持续不断的发力。最具代表性的力量，当属呼吁、推进农业品牌化的师者群体，他们来自政府部门，出自科研院校，更多的师者则通过服务农业品牌化项目以第三方的方式存在。

不得不承认，带着农业品牌化使命感和时代责任的师者群体，正形成两个阵营，真正的师者通过农业品牌研究成果及生动的实践赢得市场的尊重，那些滥竽充数的师者也穿梭在各种场合传递“一己之见”，以此获得名和利。农业品牌化是农业现代化的核心标志，社会各界人士自当以敬畏之心对待，当大多数农业品牌创建主体还没有认识到农业品牌的本质时，也就难免分辨不出师者的优劣，一旦进入误区，或者下了创建农业品牌的决心，在探索过程中发现被误导，伤了主体的心的同时，必然会妨碍农业品牌化事业尽快进入良性轨道。

教训是深刻的。2019 年 12 月“青海牦牛”品牌刚一亮相就引来学界、媒体和市场的多方质疑，要不是青海省相关部门痛定思痛撤掉“高原野味”品牌口号，重新定位了“高原美味”，“青海牦牛”品牌很有可能成为农业品牌化进程中的反面教材。“青海牦牛”品牌肩负着振兴中国牦牛产业、富裕一方百姓的责任使命，当地政府部门给予了大力支持，并真诚邀请了第三方为品牌制定了战略规划和品牌推广等一系列品牌创建的战略战术，最后不得不改变定位，显然是重大的品牌创建事故。失误应该由谁来承担责任？肯定是师者，不管这是一个具体的人，还是一个团队，也不管他来自政府层面还是第三方，终究是师者。是师者导致了一个新的省级农产品区域公用品牌在诞生之日就和消费者的消费理念形成了冲突，不得不重新定位。

也许有人会说，像“青海牦牛”品牌临时改变品牌口号的事故是个案，其实，过去十年农业品牌化道路上，由滥竽充数的师者造成的农业品牌失误并不少，只是失误的结果以不同的方式呈现罢了。比如有的地方大张旗鼓实施品牌战略规划，规划打印成文档后就锁进了抽屉；有的地方轰轰烈烈创建品牌，在发布会上闪亮登场后就成了“僵尸品牌”，这些乱象，原因多元而复杂，有一点可以肯定，幕后推手一定是滥竽充数的师者。

我们又该如何看待滥竽充数的师者群体？如果不能理

性分析处理这个问题，农业品牌化的成色必定会受到影响，毕竟，国内外都没有农业品牌的专门学科，中国农业又亟需更多师者指导品牌化实践，一味讨伐滥竽充数师者群体，在短时间内也许能够达到净化农业品牌化市场的目的，但从长远来看，可能并不利于农业品牌化事业，不利于充分发动各路人力资源加入农业品牌化事业，何况，一花独放不是春。

笔者以为，理性分析处理滥竽充数师者群体的问题至少应该从两个途径展开。一是营造包容的社会环境，对那些真心助力农业品牌化建设的人士，不要因为他们的一句话、一个案子出现问题就大加挞伐，而是有礼有节展开探讨，真理越辩越明嘛！

当下已经出现了好的苗头。前不久，一位著名三农学者在报纸上发表了一篇关于农产品区域公用品牌的文章，文章中对农业品牌概念的理解以及其他一些观点激发了一场讨论。芒种品牌咨询机构负责人的《是“误区”还是“误解”》文章把这场讨论推向一个高潮。笔者认为，就误区还是误解展开理性对话，这样的环境需要加以珍惜保护，并从多个维度加以推动提升。

二是身为师者群体必须以敬畏之心看待农业品牌化，从政治、经济、文化的高度铭记农业品牌的专业性和系统性，牢记战略和战术结合的必要性和重要性。

那么，怎样的行为才算从政治、经济、文化的高度铭记农业品牌的专业性和系统性？牢记了战略和战术结合的必要性和重要性？笔者以为需要从以下几个方面多多“照镜子”。

一是照专业能力之镜。不管是来自各级政府部门、研究机构高校的师者，还是市场化服务的师者，大多有着农业经济、公关传媒、管理等专业学历背景，而且有着跨学科推动农业品牌化的情怀和勇气，但如果不能系统性消化吸收品牌专业知识，不能在某个领域有所钻研和实践，就容易陷入滥竽充数的危险境地。不久前举办的2020中国农业品牌政策研讨会上，不少专家提出了真知灼见，而有个别专家不了解现有法律条款对农产品区域公用品牌“实名制”的限制，非但没有呼吁修正相关法律法规，而是对同行的探索提出质疑，这很难让公众相信他们是基于专业能力的师者。

二是照团队能力之镜。是团队而不是个人实施品牌的创建和运营，这个团队除了第三方专业团队，还需要和品牌一起成长的自有团队，也就是说，这个团队是“联合团队”。作为师者，在服务或者决策时绝不能抱着“一将功成”的观念，必须摒弃“三人行必有我师”的传统，而是要时时处处呼吁、传递“三人方成师”的真谛，树立以一个团队而非个人成为农业品牌传道授业解惑的师者的理念。在形成团队之前，千万不能“大干快上”，十年树木百年树人，农业品牌也如此。

三是照市场竞争力之镜。众所周知，品牌不是产品，品牌不是订单，品牌甚至跟短期的销量、利润都没有必然联系，但是，品牌是价值呈现，品牌战略必须紧跟经营战略，产品溢价和市场占有率的提升能够直观反映出品牌创建、运营的功力或成败。每一位师者，不管是阐述品牌化的理念还是服务于品牌创建运营，都要以品牌竞争力为目标，所有回避竞争力的师者都算不得真正的师者。

四是照创新能力之镜。农业品牌化的根本目的是提高农产品及农业服务的竞争力，实现附加值，通过品牌的产品属性、组织属性、个性属性和符号标志属性形成辨识度和差异化，没有一定的创新能力，无论如何是无法服务品牌的。作为师者，如果不能提出创新应对市场之策，不能给予品牌创新指导，就不具备可信度，何谈师道尊严呢？

我国各地农业产业发展质量参差不齐，社会经济文化发展水平各异，主导农业品牌建设的各级政府领导对农业品牌的认知深浅不一，这是农业品牌化事业的基本面，作为师者，除了深刻理解这个基本面，还应该以师者传道之心正视这个基本面。面对地方政府的急功近利式行为，保持足够的耐心，绝对不可以“涸泽而渔”，更不能在服务品牌创建过程中开展“广种薄收”等错误做法，特别是在没有“一把手”责任制、没有优势产业基础、没有知行合一品牌运营团队的“三无”条件下，万不可以专业的身份伙同各类人员在沙滩上建城堡。

社会在给予农业品牌化师者群体以包容的同时，又对滥竽充数的师者以警惕之心，市场才有可能淘汰不称职的师者，激发有情怀有敬畏之心的师者的创造力，才有可能迎来农业品牌化丰收的季节。

“联中 1 号”品牌

乘风而上、专一精进创建强势品牌

“‘联中 1 号’抓住了传统农业转型升级和蘑菇行业嬗变两大风口，我们会不断为这个上海地产双孢蘑菇强势品牌注入活力。”

——品牌创始人　陈林根

品牌故事

2022年7月19日是陈林根扎根上海市金山区廊下镇整整12年的日子，作为浙江嘉善姚庄农民，12年前签约的那一刻他没有想到能在廊下扎下事业之根。过去的10年，他和他的团队创造了上海地产工厂化双孢蘑菇的很多第一，“联中1号”品牌产品因此成了上海市场上鲜食双孢蘑菇的“霸主”，占地产双孢蘑菇市场97%以上份额。

过去10年，除了“联中1号”品牌的成长，创始人和上海联中食用菌合作社收获也不少。合作社成为江南地区双孢蘑菇品类一家独大的企业，盈利能力排在全国前5位；在“联中1号”品牌带动下廊下镇勇敢村三年大变样，变成蘑菇特色亿元村；理事长陈林根也当选了全国劳动模范。

陈林根从事农业的经历并不顺利。2000年之前陈林根养了12年猪，因为浙江嘉兴地区农业产业结构调整而不得不转向工业，2004年中央一号文件再次触动了他的心弦，却苦于找不到方向。直到2010年7月，金山农业园区管委会前往嘉善招商，应邀而来的陈林根得知有机会到廊下种植双孢蘑菇，一下子就心动了，实地考察3天后就签约，从事传统双孢蘑菇种植。

陈林根的故乡姚庄镇和第二故乡廊下镇都是“蘑菇之乡”，他决定投身蘑菇产业时并不懂蘑菇种植技术，但他看清了传统产业存在的合理性和双孢蘑菇市场的潜力，也感受到了廊下镇党委政府推进传统双孢蘑菇产业转型升级的决心，这是陈林根和廊下镇政府一拍即合成立上海联中食用菌合作社的背景和时势。随后的日子，陈林根就走上了时势造就英雄之路，这条路的源头，是他抓住了廊下镇农业产业转型升级和工厂化双孢蘑菇行业两个风口，错失了，英雄还会出现，一定不是他。

2010 年之前的十年，上海掀起了中国工厂化菌菇产业的浪潮，上海工厂化菌菇产量一度占全国工厂化菌菇 80% 以上，但在双孢蘑菇这个品类的工厂化进程中，直到陈林根入驻廊下镇两年后才进入实质性的探索，到 21 世纪第三个十年，上海工厂化双孢蘑菇除了廊下还是廊下，依然是独此一家。如果陈林根当初犹豫一下，确实就错失机会了。

陈林根不但没有错失机会，还抓住了国内第一波做大做强工厂化双孢蘑菇产品品牌的历史性机遇。2012 年，合作社注册“联中 1 号”商标，同年，陈林根和团队核心成员到荷兰考察工厂化双孢蘑菇，开了眼界的同时决定引进设施装备和技术，成为最早走出去考察并开展实践的合作社团队，这一行动，为合作社“独霸”上海地产双孢蘑菇市场打下了深桩。

中国工厂化双孢蘑菇的探索始于 20 世纪八九十年代，陈林根和他的团队算不上是该领域“吃螃蟹的人”，他们却是推动中国菌菇工厂化细分行业蓬勃发展的先锋，陈林根团队又是独辟蹊径获得成功的“另类”。

2013 年陈林根决定引进荷兰设施装备和技术时，工厂化双孢蘑菇领域已经拥有二次发酵和三次发酵两种成熟的生产技术，三次发酵技术的生产率几乎是二次发酵的翻倍，但固定资产高投入是合作社无法承受的。合作社得到了上海市、金山区、廊下镇各级政府的项目支持后，才正式引进二次发酵技术，“联中 1 号”品牌也因此顺利进入成长通道，和其他全盘引进荷兰技术、人才的双孢蘑菇品牌比较，“联中 1 号”品牌算是个普通人家的幸运儿。

这个幸运儿的茁壮成长，得了陈林根和他的团队的专业、敬业精神的滋养。

2014 年 4 月 23 日出菇，4 月 26 日工厂化双孢蘑菇首采，是陈林根团队和上海市农科院食用菌所黄建春团队联手攻关的成果，他们通过自学、实践掌握了引进设施装备和技术。2014 年 10 月，他们开展了以稻秸秆和牛粪为主要原料替代国外以麦秸秆和鸡粪为主要原料的技术研发，先后成功获得了稻秸秆含量从 60% 到 100% 的工艺，技术本土化之后，实现了原材料的本地化，而且产品更白更悦目。2018 年团队又突破了三次发酵技术，一年可以种植 10 到 11 茬，大幅提升了生产效率。

上海是国内鲜食双孢蘑菇最大的市场，地处廊下镇的“联中 1 号”具有新鲜度高、运输成本低的区域优势，通过降低经营成本，附加值的保持或提升是可行的。另外，通过品牌引领反哺社会，让更多的廊下种植户共享品牌附加值，保护“联中 1 号”品牌的优势，也不是难事。

打破国外品种垄断是最好的降本增效策略。陈林根团队和黄建春团队在联合研发三次发酵技术的同时就开展了新品种培育工作，并取得了实质性突破，每公斤菌种降低成本近 8 元，每年可以节约近 500 万元购买菌种费用。另外一个成本更低的新品种也成功在望。

2018 年，廊下镇开展“蘑菇小镇”建设，这是基于“联中 1 号”品牌引领的特色小镇建设，也是品牌践行社会责任展现价值的机会。廊下“蘑菇小镇”建设的核心是特色产业致富模式，即一次投入 500 万元建现代化菇房，年产出 500 万元，年净收入 50 万元。除了菇房建设环节由政府以项目扶持方式和合作社联合投入，种植管理和销售两个环节几乎全部由联中食用菌合作社承担，按照原料、技术、加工、销售、价格、品牌统一的方式经营。在乡村振兴时代，全国范围内如此精准的产业强镇、强村成功案例不多，“联中 1 号”品牌的经济价值则由此可见。

和“联中 1 号”品牌经济价值相辅相成的，是品牌的生态价值。2021 年，“联中 1 号”消化了金山区全部水稻秸秆计 8 万多吨的同时，还消化了 3 万吨畜禽粪便，返田的，都是优质有机肥。2022 年将消耗 12 万吨左右，占上海稻秸秆的四分之一，以后将长期保持这个消耗量。

2022 年，“联中 1 号”品牌获得金山区 85 个经济薄弱村超过 1.6 亿元的联合投资，这些村集体资金的稳定回报是 6.2%的年利息。这是“联中 1 号”品牌帮扶经济薄弱村又一产业化模式，是“联中 1 号”品牌正在讲述的产业强镇、产业强村的新故事。

“联中 1 号”，是一个几乎没有传播没有策划营销的强势品牌，它的故事，还在继续。

品牌创建模式

上海市场的双孢蘑菇强势品牌“联中 1 号”的含金量如下：产品新鲜度美誉度第一；合作社利润在全国所有同类企业中排在前五；2021 年品牌产品销售量占上海地产双孢蘑菇 97%以上。

上海是中高端农产品品牌角力的“十里洋场”，十年创建一个如此成功的农产品强势品牌，有可复制可推广的可能吗？

答案自然在“联中 1 号”品牌的成长路上，让我们一起去探寻“联中 1 号”产品品牌成长路上的坚实脚印。

一、抓住两大风口，厚植品牌独特竞争力

在 20 世纪 80 年代之前的二十三年里，双孢蘑菇是上海农业出口的拳头产品，出口经济刺激了上海在 20 世纪末率先开启双孢蘑菇工厂化探索。因为引进设备消化不良，配套种植技术工艺不完善，第一次探索悄然止步。

21 世纪前五年，上海食用菌优秀从业人员聚焦工厂化食用菌并迈出实质性一步，工厂化双孢蘑菇的起步稍显滞

后，直到 2008 年，具有现代农业前瞻性和开创性的金山区廊下镇政府和农业产业园区作出升级传统双孢蘑菇产业的决策，并制定了相应的规划，上海再次开启双孢蘑菇工厂化实践，这是“联中 1 号”品牌的第一个风口。

2010 年陈林根以招商引资的方式快速入驻廊下镇现代农业园区，75 亩双孢蘑菇设施菇房已经虚位以待，虽然还是传统种植模式，这是“联中 1 号”品牌抓住第一个风口的第一个里程碑。2012 年之后，廊下镇再次以项目方式扶持双孢蘑菇传统产业的转型升级，这是廊下镇探索工厂化双孢蘑菇的实质性一步，合作社因此突破了起步阶段很难突破的重资产瓶颈，也是“联中 1 号”品牌迎风而上的第二个里程碑。

第二个风口是 2010 年之后形成的走出去引进来工厂化双孢蘑菇行业发展。国内食用菌市场呈现爆炸性增长趋势，消费者喜欢的双孢蘑菇的市场缺口很大，去欧洲取经并引进设备、技术为行业发展拉开了帷幕。陈林根团队是最早前往荷兰取经并确定引进来策略的团队，也是最早开展国外设施装备和双孢蘑菇种植技术本土化探索的团队。

2014 年 4 月 23 日，消化引进荷兰工厂化双胞蘑菇技术长出了第一批蘑菇，这和那些全盘引进照搬照抄的同类企业比较，已经是一个不错的突破了，但是对于“联中 1 号”产品，如果不能用稻秸秆加牛粪的原材料取代以麦秸秆加鸡粪的原材料，合作社在市场区域优势就会因为原材料成本的增加而失去竞争优势。

2015 年 2 月，原材料、全程工艺、设施装备全部实现本土化的“联中 1 号”品牌产品问世，稻秸秆取代麦秸秆的量可以从 60%一直到 100%，全年达到 6 茬，产量、品质和荷兰的蘑菇一样，色泽超过了进口技术蘑菇。

2018 年，团队突破了三次发酵技术。这个技术下，菇房不到 20 天就可产一茬蘑菇，一年可以种植 10 到 11 茬，大幅提升了生产效率。同时，配套的隧道发酵设施投资大，为“联中 1 号”品牌建构起重资产竞争壁垒。

抓住两个风口成长起来的“联中 1 号”品牌因此拥有了市场优势、区域优势、技术优势、重资产优势，获得了品牌产品独特的竞争力。

二、专一精进保持品牌竞争力优势

2012 年注册“联中 1 号”商标之前，团队在取名上是有讲究的，希望通过技术研发，形成“联中”产品系列，创建系列产品品牌。十年之后“联中 1 号”已经成为领导品牌的情况下，团队还是没有推出“联中 2 号”“联中 3 号”，没有别的原因，团队认为“联中 1 号”品牌的品种、品质及标准化水平还没有达到理想的品牌竞争优势水平。

品牌创始人陈林根和他的团队投身工厂化双孢菌菇行业前没有专业背景，引进技术消化、设施技术的本土化、三次发酵技术的突破，没有什么秘密，靠的是六个字——

专一、精进、开放。

上海市农科院食用菌所黄建春团队和陈林根团队联手攻关工厂化双胞菌菇技术整整 10 年，2012 年，两个团队核心成员第一次一起前往欧洲学习考察，一直精诚合作到现在。在上海双孢蘑菇领域具有权威性的黄建春教授每周都要到联中合作社菇房，至少去一次，去两次是常态，这在其他企业是很少有的现象。

正是因为两个团队专一、精进、开放，联手获得了"电动覆土打散装置"实用新型专利，另一个发明"矩阵式流水线菇房布局方法"也在走专利申请流程。拥有这两个专利，其他同类品牌要超越"联中 1 号"产品品牌的竞争优势，不容易。

中试取得成功的新品种也是合作社和科研团队精诚合作的成果。该新品种是两个团队在国内传统双孢蘑菇品种基础上培育出来的新品种，完全符合三次发酵技术要求，产量、品质不亚于国外进口品种，每公斤菌种的成本可以节约近 8 元，一年可节约菌种采购成本 500 万元。

陈林根团队和上海市农科院另外一个科研团队合作培育的新品种也已经取得重大突破，该新品种是在国外进口菌种的基础上培育出来的，每公斤菌种的成本更低。

因为"联中 1 号"产品的经营优势明显，也因为以鲜食为主的"联中 1 号"品牌没有太多有效传播，几乎谈不上品牌知名度、感知质量、品牌联想，消费者的忠诚度主要是通过新鲜获得的。专利、新品种则为“联中 1 号”品牌注入了其他品牌资产，大部分鲜食农产品品牌所没有的无形资产。

三、审时度势光大品牌社会价值

廊下镇党委书记、金山区现代农业产业园区管委会主任沈文是廊下工厂化双孢菌菇特色产业的坚定推动者。2008 年，他和他的管理团队决心推动廊下镇传统双孢蘑菇产业转型升级，在工厂化双孢菌菇行业将起未起之际作出做强做大双孢蘑菇特色产业决策，并把菇房农业用地纳入产业发展规划，用产业发展资金建设了菇房，为“联中 1 号”品牌的诞生创造了基本条件。

2014 年，廊下镇党委政府又一次以现代农业项目的方式建设廊下镇第一个现代化菇房，交给陈林根和他的团队运营，为“联中 1 号”品牌成长提供了进入快速道的条件。

沈文和他的团队当时承受了来自区级、市级层面项目可行性、价值回报等等方面审核的压力，他们能够坚持下来，是相信陈林根团队的专业敬业，相信“联中 1 号”品牌一定能够成长为有竞争力、有带动力的强势品牌。

2018 年，沈文和他的团队又一次布局廊下镇工厂化双孢蘑菇特色产业，这一次，是基于对“联中 1 号”品牌领导力的充分信任，设计了“一次投入 500 万元，年产出 500 万元，年净收入 50 万元”的特色产业致富探索。

围绕特色产业做大做强，政府、村集体、合作社联合投入500万元建设现代化菇房，合作社经营管理下实现年产值500万元，确保净收入达到50万元，这个模式放之四海都是乡村振兴的好模式，好模式的核心是"联中1号"品牌价值背书。

这是个"联中1号"品牌价值主导下的共享共富模式，即在"联中1号"品牌引领下，严格按照"联中1号"品牌的要求实现原料、技术、加工、销售、价格的统一，从而保证净收入。

这个模式成就了廊下镇勇敢村成为第十批全国"一村一品"示范村。2019年勇敢村双孢菌菇产值只有3 000万元，在新模式驱动下，2021年就达到了1.12亿元，"联中1号"品牌的价值，也因此直观可见。

产业扶贫是"联中1号"品牌三大社会价值其中之一，品牌的第二大社会价值是通过循环经济守护了金山区、上海的生态环境。

双孢蘑菇是草菇菌，"联中1号"品牌通过连续的技术研发和产量的逐年增加，消耗了大量的稻秸秆和鸡粪牛粪，2021年消化了金山区全部水稻秸秆计8万多吨的同时，还消化了3万吨畜禽粪便。2022年"联中1号"品牌产品将由原先的日产40多吨增加到每天80吨，消耗的水稻秸秆将达到12万吨左右，循环经济价值和保护生态环境的贡献很难分出伯仲。

2022 年，“联中 1 号”品牌将体现第三大社会价值，即通过品牌附加值效应，联中食用菌合作社自觉承担起金山区 85 个经济薄弱村村集体沉睡资金活起来的义务，在政府部门的协调下，1.648 亿元集体资金投入联中，每年的回报是每个村按照投入本金的 6.2%获得利息。

品牌诊断

“联中 1 号”产品品牌的竞争力由两部分组成，一部分是客观优势赋予的竞争力，另一部分是基于产品功能属性的竞争力。就目前来看，品牌继续保持活力和竞争力没有悬念，因为品牌创始团队没变，廊下镇发展现代农业的势头不减，但是，品牌的竞争力仅限于鲜食双孢蘑菇这个市场，品牌的组织属性、个性化属性、符号属性很少，甚至还谈不上，这是品牌面临的很大挑战。特别是在预制菜风口上，如果失去深加工赛道，“联中 1 号”品牌竞争力可能仅限于鲜食市场，这是非常可惜的事。

“联中 1 号”品牌是合作社唯一的产品品牌，合作社也没有注册“联中”品牌，这不符合品牌创建规律，因此，接下来品牌创始人和团队应当和专业技术团队那样，和品牌建设专业团队展开精诚合作，因为不但是“联中 1 号”品牌需要加快注入品牌属性形成差异化竞争壁垒，还需要为企业品牌、深加工产品品牌等等指明方向，也就是说，要尽快确立联中食用菌合作社的品牌战略规划，这是需要品牌创始人和团队与品牌建设专业团队联手才能达到预期效果的重要经营内容。

陈林根和核心团队已经在思考“联中 1 号”品牌提升的问题，也想到了必须要在深加工赛道保持竞争力，在这个关键节点上，合作社的品牌战略规划和战术实施就正当其时了。

企业品牌战略规划和实施策略是企业和品牌专业团队联手制定的，实施的过程中始终离不开合作社团队，因此，如果合作社还没有达到品牌提升所需要的基本能力，应该退而求其次，利用“联中 1 号”品牌的竞争力和资产，补上品牌组织属性、个性属性和符号体系缺失这一课，让消费者不仅享受到“联中 1 号”品牌产品美味的同时，和消费者形成某种更紧密的关系，成为消费者心心念念的品牌，然后，为合作社企业品牌注入价值，为企业品牌和消费者之间形成稳定的关系打下基础。

“联中 1 号”品牌再有影响力，也没有办法对未来的深加工产品品牌提供信誉、感知质量等品牌必需的背书，能够为未来产品品牌背书的一定是企业品牌。即便未来产品品牌不需要背书，团队同样需要按照品牌建设规律积累品牌创建的技能。

“联中 1 号”品牌抓住了农业产业转型升级和工厂化双孢蘑菇行业嬗变的两大风口，希望合作社再抓住中国农业品牌化的风口，为合作社积累品牌无形资产，为行业发展积累经验，为区域社会经济作出更大贡献。

品牌评论

大市场大流通格局下，一个品牌建设投入相对欠缺的鲜食产品能够“独霸”上海市场，凭借的是区域市场的独特性和产品经营的独特性，从这个层面理解，“联中 1 号”品牌是幸运的，“联中 1 号”品牌创始人也是幸运的。当然，幸运中有着必然性，如果团队不能突破产品经营必需的重资产、技术两大壁垒，哪怕是独家经营，市场供不应求，也只能维持生存。

一个品类的竞争不会停留在鲜食一个赛道上，“联中 1 号”产品的竞争力如果能转化为更多的品牌资产，而不是停留在产品“独霸”市场的层面，一定能为联中食用菌合作社提供更多收益，为合作社积累更多无形资产。

——中国畜牧兽医报社社长 刘 波

“福岁乐”品牌

筑起大闸蟹标准化竞争壁垒的品牌

“标准化是建构大闸蟹行业价值链的基础，创建‘江海21’大闸蟹标准化全产业链，把‘福岁乐’品牌培育成上海地产优质大闸蟹第一品牌，是我的事业！”

——“福岁乐”品牌创始人　李　晨

品牌故事

上海福岁乐生物科技有限公司和“福岁乐”品牌创始人李晨这些年经历了一连串的考验，2019 年因为在大闸蟹养殖端冒进扩张导致亏损，2020 年合伙人退出独自扛起公司经营责任，是他进入水产品经营行业以来最严峻的考验。八零尾的李晨没有在接二连三的考验中被击垮，也没有后退一步，磨炼让李晨进一步认清了传统大闸蟹产业链的风险，对热爱农业的程度也有了更深刻的认知。妥善解决好一个又一个困难之后，李晨完成了自身转型，从一个营销管理者转变为“江海 21”大闸蟹价值链的塑造者，回到了福岁乐公司 2018 年年底坚决拿下“江海 21”品种排他使用权的目标方向上。

福岁乐公司拿下“江海 21”品种十年排他使用权绝非头脑发热。“江海 21”是上海市农业农村委员会大力支持的优质大闸蟹品种，由上海海洋大学王成辉团队负责技术创新，2016 年获得国家农业农村部新品种审定认可，终结了中华绒螯蟹故乡上海只有中华绒螯蟹种源没有成品大闸蟹的历史，为中国大闸蟹产业添加了难得的优质新品种。

2015 年之前，毕业于上海海洋大学的李晨从事海洋大学技术转移、专利推广及 B2B 水产品推广等工作，基于上述资源优势，李晨决定做一个“江海 21”大闸蟹新产业的推动者，希望借助这个高科技新品种成就一番事业。2018 年 9 月 10 日教师节，李晨和合伙人一起成立福岁乐公司，两个月之后拿下品种排他使用权。接着，便迎来了一连串的考验。

上海是中高端大闸蟹的大市场，全国各地的优质大闸蟹千方百计往上海滩赶。“江海 21”是上海政产学研携手培育的 21 世纪上海大闸蟹新品种，是自带上海这座城市基因的中华绒螯蟹优质品种。福岁乐公司手握十年排他性使用权，李晨又有着中高端水产品经营的经验，创建以优质品种为壁垒的大闸蟹企业品牌、产品品牌不应是个难事，福岁乐公司重塑上海大闸蟹以生态化、标准化为特征的价值链，也不是遥不可及的事。实现了这两个目标，意味着福岁乐公司引领了中国大闸蟹产业的转型升级，为推动中国大闸蟹行业的进步贡献了企业的价值。业内人士和消费者都知道，养殖端很难真正实现生态健康标准化养殖，消费端不能真正享受到统一标准的优质大闸蟹，是阻碍大闸蟹产业健康有序发展的“拦路虎”。

李晨坚信，成功塑造“江海 21”大闸蟹价值链的过程，一定是福岁乐企业品牌快速成长的过程。没错，一个为推动产业进步作出重大贡献的品牌，不能说一定如雷贯耳、闻名天下，拥有知名度是可以做到的，品牌忠诚度、感知质量等等品牌资产的积累也会水到渠成，毕竟，“中华绒螯蟹新品种选育与产业关键技术集成创新”获得了2019年上海市科学技术奖一等奖。

恰恰是2019年，似乎是万事俱备只欠东风的福岁乐公司吞下盲目扩张的苦果，因为标准化技术不够完善，没有一套针对产业链的标准化管理体系，快速扩张组成的从亲本、扣蟹到成蟹养殖的养殖链没能如愿养出好蟹，离团队制定的标准化优质大闸蟹标准差距不小。产量质量都达不到原定目标自然无蟹可卖，拖累了公司预期收益是小事，事业面临夭折是大事。

李晨没有退回到他熟门熟路利润有保障的中高端水产品营销圈里，他不希望福岁乐公司热爱农业的团队无功而散，不希望2019年7月注册的“福岁乐”品牌夭折，也不想看到上海大闸蟹产业因此驻足不前甚至倒退，于是，他独自承担起了哺育“福岁乐”品牌的责任。

这一次，他是带着对大闸蟹全产业链的全面认知出发的。李晨和他的团队从虚心向行业内“田野专家”、养蟹农民请教做起，不放过产业链的任何一个环节。大闸蟹品类是高投入高回报的水产品类，前提是以品种纯度、生态养殖技术保证成蟹合格率。同样的种源，不同的育苗和成长环境，要获得符合要求的品牌产品，需要根据大闸蟹全生命周期规律形成完善的技术服务和生产管理体系，福岁乐公司独占品种排他使用权还远远不够，要推广这个品种，必须在养殖、管理、服务三个方面下足功夫。

这个过程中，李晨获得了以王成辉为首的技术团队和上海大闸蟹行业专家王友成等权威人士的肯定，“福岁乐”品牌积累了第一份资产——“江海 21”大闸蟹权威人士的信任支持。

2021 年，福岁乐公司迎来了难得的机会，一是市场上大闸蟹品牌混乱为“福岁乐”品牌大闸蟹占领更多市场创造了机会，二是特色高端生鲜产品生产、消费半径的收缩趋势明显，“江海 21”地产优质大闸蟹的区域优势开始凸显。李晨和他的团队趁机而上，通过“福岁乐”品牌愿景吸引行业内资深从业人士加盟，形成了从亲本、扣蟹、成蟹到终端的全产业链。这个产业链抛弃了传统大闸蟹以品种捆绑投入品、服务的方式，而是统一种源、统一服务、统一管理、统一销售的模式，在每一个环节，从业者都可以根据需要选择各自所需的服务，“福岁乐”品牌则以品控标准为纽带，构建“江海 21”大闸蟹全产业链的管理、服务竞争力。

继 2019 年注册“福岁乐”商标之后，公司先后注册“澄对儿”“蟹至礼成”产品品牌，通过不同的品牌吸引不同年龄段和消费期待的消费者，这不是盲目扩张，是微笑曲线理论在创建“江海 21”大闸蟹价值链过程中的实践。“福岁乐”品牌在追求微笑曲线目标的活动中，不断完善核心的品种、核心的标准、核心的服务这三个方面的竞争壁垒，竖起了中国大闸蟹行业差异化的一面旗帜，在“江海21”大闸蟹领域，“福岁乐”品牌有能力为更多的产品品牌背书。

品牌创建模式

刻意安排2018年9月10日教师节成立福岁乐公司，李晨和团队成员的用心不言而喻。福岁乐公司不但要利用高技术含量的新品种创建“福岁乐”品牌，还要探索实践以标准化为核心的大闸蟹行业价值链，完成行业传道授业解惑的使命。2018年11月13日，福岁乐公司拿下水产新品种中华绒螯蟹“江海21”十年排他性使用许可（不限地域），并确立了打造“江海21”大闸蟹全产业链的目标。

过去几年，曾经誉满天下的阳澄湖大闸蟹一步一步走下“神坛”，在上海大市场的口碑每况愈下，而以“江海21”新品种为种源的上海地产大闸蟹一步一步走进消费者心里。每当菊黄蟹肥时节，上海黄浦江大闸蟹、宝山湖大闸蟹、崇明清水蟹这些大闸蟹区域公用品牌便会在上海这个大闸蟹品牌必争之地和阳澄湖大闸蟹、固城湖大闸蟹、宿迁大闸蟹等品牌展开角逐。过去二十年，大闸蟹行业的品牌化风生水起，各地普遍选择了创建区域公用品牌带动企业品牌的模式，“福岁乐”品牌的愿景是创新构建大闸蟹行业价值链，并且要通过构建大闸蟹标准化全产业链的模式去实现，这确实是找准了大闸蟹行业的痛点。

让我们一起来看看“福岁乐”品牌是如何在重塑大闸蟹价值链过程中成长的。

一、为品牌注入优质新品种附加值

“江海 21”中华绒螯蟹新品种是继“长江 1 号”“长江 2 号”“诺亚 1 号”之后优质大闸蟹的又一新品种，2016 年获得国家新品种认证。“江海 21”中华绒螯蟹除具有生长快、规格大、产量高的特点外，通过产学研联合推动新品种生态养殖模式，“江海 21”大闸蟹很快形成了优质品种 + 生态养殖技术路线。和传统优质大闸蟹主要依赖区域地理生态环境不同，“江海 21”大闸蟹的优质主要靠品种和养殖技术的创新突破，这为品牌创建打下了差异化基础。以松江区黄浦江大闸蟹为例，严格按照良种、良法、良塘的生态养殖模式，在阳澄湖大闸蟹品牌知名度独占鳌头的情况下，黄浦江大闸蟹以品质、诚信赢得消费者口口相传，忠诚度相当高。

在注册“福岁乐”商标之前，李晨和他的团队对“江海 21”新品种的认知全部来自于“江海 21”新品种技术转让和“江海 21”成品蟹的营销过程，通过这两个过程，李晨认识到大闸蟹消费必将延续个头大、味道鲜、卖相好、生态优的趋势，看到了“江海 21”新品种大闸蟹的前景，虽然上海地产大闸蟹还没有让消费者形成类似阳澄湖大闸蟹的品牌联想，但是，“江海 21”新品种及生态养殖模式具备了综合竞争优势，只要把综合优势稳定下来，形成标准化产业链，“福岁乐”品牌就具备了强势品牌的基础条件。

李晨的想法没有错。有现存的优质品种，这个优质品种寄托了乡村振兴时代上海水产行业的振兴希望，必然会得到上海市农业农村委员会的大力支持，上海的养殖户已经养出了个头大、味道鲜、卖相好、生态优的大闸蟹，市场反响也不错，福岁乐公司在这个时间节点上探索基于“江海 21”中华绒螯蟹物种的标准化全产业链，意味着“福岁乐”品牌将有可能成为含着金钥匙诞生的品牌。

擅长营销的李晨团队还有一个优势，即围绕构建“江海 21”中华绒螯蟹标准化全产业链目标，具备资源的优势。第一，他曾经是上海海洋大学经管处的员工，有过近 5 年从事技术专利转让等方面的经验，跟“江海 21”品种选育团队负责人王成辉教授及团队有着良好的互动；第二，在海洋大学工作期间，不仅积累了中高端水产品营销的实战经验，还跟上海大闸蟹养殖环节的优秀从业者相熟。这两大优势，是“福岁乐”品牌诞生的优质养分。

2018 年教师节“福岁乐”品牌的诞生和 11 月 13 日拿到了“江海 21”10 年排他性成果使用权和商业推广权，证明了福岁乐公司团队资源整合能力，“中华绒螯蟹新品种选育与产业关键技术集成创新”获得 2019 年上海市科学技术奖一等奖，说明团队对“江海 21”新品种及其产业链的社会影响力及价值的分析判断是正确的。

上海大闸蟹市场欢迎更多优质大闸蟹上市，“福岁乐”品牌诞生不久就得到了“江海21”优质品种附加值的加持，团队如果能把综合优势稳定下来，“福岁乐”品牌的快速成长不会有悬念。

二、构建养殖链、管理链、服务链

注册“福岁乐”品牌拿下品种排他使用权之后的2019年，团队开启了“福岁乐”品牌之路，不到一年时间，福岁乐公司基地从无到有，连续扩张到6 000亩左右，形成了亲本基地、扣蟹基地、成蟹基地、成品包装车间及销售端的产业链闭环。

按照事前的分析，只要能建构起这条链，用养殖技术和服务强力推广标准化，2019年市场上就会有“福岁乐”大闸蟹，到2020年，“福岁乐”品牌是可以在上海大闸蟹市场“横行一场”的。

2020年公司没有如期迎来福岁乐“横行一场”的热闹，迎来的，是“福岁乐”品牌的出师不利。因为步子迈得太快，团队没有来得及积累有效管控养殖质量和服务质量的实战经验，养出来的大闸蟹规格、品质很少达到标准，“福岁乐”品牌迎来第一道坎。

问题出在两个方面：一是现有的生态养殖技术不能复制到不同区域，需要针对不同区域完善符合当地地理气候环境的生态养殖技术；二是管理跟不上导致现成的技术也起不到应有的作用。这两个问题将决定含着金钥匙出生的“福岁乐”品牌能否健康成长，同时也是构建“江海 21”大闸蟹标准化产业链需要突破的关键难题。

品牌创始人李晨带着团队一头扎进养殖基地，向乡土专家请教，向优秀养殖户请教，从而积累下具有实战价值的养殖技术和管理经验，从营销端出发逆向打通了“江海21”大闸蟹标准化全产业链，顺势构建起标准化养殖链、标准化管理链、标准化服务链，为“江海 21”大闸蟹产业链注入了全新价值，初步形成了“江海 21”大闸蟹价值链。

在创新构建价值链的过程中，福岁乐公司吸取了盲目扩张的教训，采用了和优秀从业者合伙的方式。比如在亲本繁殖环节，福岁乐公司和上海睿婕水产养殖合作社、上海塘之趣水产养殖有限公司以股份合作的方式成立上海福岁乐河蟹种苗有限公司。这样的合作方式解决了亲本繁育资金、人才、技术三大问题，更重要的是吸引优秀从业者加入构建标准化产业链和创新构建价值链的行动中。

2022 年上海崇明区成立河蟹产业集团，集团力邀李晨出任集团首任总经理，至少说明，集团愿意参与到“江海21”大闸蟹标准化全产业链共建行动中来，说明“福岁乐”品牌在上海地产大闸蟹行业积累了一定的社会价值，品牌创始人李晨也积聚了知名度和影响力。

福岁乐公司能够吸引上海及长三角一带优秀的大闸蟹

从业者，显然是以“江海 21”大闸蟹养殖产业链、管理产业链和服务产业链为核心的价值链发挥了关键作用。在这个价值链里，养蟹新手可以少交学费不交学费，通过福岁乐公司提供的养殖技术、管理服务获得稳定的产量和标准化的大闸蟹。养殖户没有自己的营销渠道，可以通过福岁乐的服务链形成订单模式，保障产得出卖得好。那些养蟹老手特别是长三角区域的养中高端成品蟹的老手，不怕卖不出好价格，最怕品种退化，通过“福岁乐”品牌提供的优质种苗，维护了亲本优势，不再担心品种退化，以此保持各自品牌的优质优价竞争力。

2020 到 2022 年三年间福岁乐公司的经营增长情况也支持了上述观点：“江海 21”大眼幼体体量从 6 500 斤增加到 1. 2 万斤，翻了近一番；扣蟹总体量从 82. 3 万斤增长到预计 200 万斤；“福岁乐”品牌成蟹销售额从 800 万元增加到 2021 年的 22 万元，2022 年预计达到 3 500 万元，至少占“江海 21”大闸蟹产值的三分之一。

三、年轻化、数字化推动行业变革

“江海 21”新品种的命名带有强烈的时代个性和使命感，“江”代表长江，“海”代表上海，“21”代表 21 世纪，寓意是 21 世纪上海顶级大闸蟹品种。上海各行各业的品牌创建实践证明，得到上海城市品牌背书的品牌从一开始就赢在了起跑线上，“江海 21”品种是在中华绒螯蟹原产地上海培育出来的优质品种，是上海水产行业、从业者一致推崇的好品种，因此，在上海市场，“江海 21”品种在差异化方面具备其他同类品种少有的优势。“福岁乐”品牌因此沾光的同时，也迎来相应挑战。

“福岁乐”品牌愿景是创建上海大闸蟹价值链，也就是说，用新的价值推动行业改变。为此，福岁乐公司聚焦于“江海 21”大闸蟹标准化全产业链建设，这是个不错的品牌策略，效果如何，很大程度上要看团队建设的成效。

2020 年，李晨带着原本以营销为主的团队沿着“江海 21”大闸蟹产业链，从营销端追溯到亲本繁育的源头，在这个过程中，通过股份合作的方式构建了一支以中年人为主年轻人为辅的技术、管理队伍，这支队伍集合了“江海 21”大闸蟹标准化生态养殖链里的优秀从业者，如青浦区上海睿婕水产专业合作社负责人王友成、松江区鱼跃水产合作社负责人郎月林、浦东新区上海塘之趣水产养殖有限公司负责人吴海鸥等，这支队伍，以最有效的方式把“江海 21”新品种优势转化成了标准化全产业链优势。

还有一支队伍是以年轻人为主的队伍，也是让王友成等田野专家看好“福岁乐”品牌的重要因素，这支队伍肩负起了为前辈合伙人提供做强做大平台的责任。

这支队伍经历了 2020—2021 年两年的实战已经开始显出实力，在大闸蟹品牌化、数字化方面的实力走到了同行前列。以叮咚买菜生鲜渠道为例，团队推出的“博士育种”

产品品牌在华东区创下了超过1 000万单的成绩，成为叮咚年度十大产品之一，也是唯一的水产类产品，开创了全国第一个大闸蟹订单农业产品品牌。

品牌年轻化是高附加值生鲜农产品品牌建设必须补上的课，“福岁乐”品牌的年轻团队在品牌年轻化方面也做出了有意义的探索。2019年感恩节推出“澄对儿”品牌产品，客户对象是年轻人、大学生，以感恩节为契机，探索品牌和年轻消费者的互动，探索生鲜品牌与传统风俗文化的连接。同一年还推出“蟹至礼成”品牌产品。2021年推出“江海21”品牌产品全家福。对于仍是中年人一统江湖的大闸蟹市场，“福岁乐”品牌的年轻化、数字化将是一大竞争力。

品牌诊断

从品牌愿景和品牌扎扎实实构建“江海 21”大闸蟹标准化全产业链的实践可以清晰感受到“福岁乐”品牌的情怀和脚踏实地。从优秀从业者以不同的方式加入“福岁乐”品牌建设队伍，可以看到品牌通过“江海 21”新品种排他使用权已经建立起了竞争壁垒。从福岁乐公司相继推出成“澄对儿”“蟹至礼成”“全家福”产品品牌看，“福岁乐”品牌的企业品牌属性越来越明显，B2C 经营策略也越来越明确。当然，作为大闸蟹市场的新秀，被优秀从业者寄予厚望的“福岁乐”品牌显然还需要在品牌建设方面下足功夫。

第一，“福岁乐”品牌是农业企业品牌，是 B2C 经营模式为主的大闸蟹品牌，对品牌传播效率提出了高要求，在这方面，“福岁乐”品牌的欠缺是明显的。既没有在主流媒体上形成有效传播，也没有在消费市场上自建传播媒介，而是依靠口口相传积累行业里的声誉，提高品牌可见度的问题需要尽快得到解决。

第二，要处理好品牌架构问题。“福岁乐”品牌和产品品牌的架构比较明晰，但是，“福岁乐”品牌需要解决的是和“江海 21”品种品牌的关系问题。“江海 21”品种既是品种品牌，也是“福岁乐”品牌属性的组成部分，如何强化“江海 21”作为“福岁乐”品牌的组成部分，是需要快速解决的问题。不管是福岁乐公司组织内部还是上海大闸蟹行业内部，“江海 21”的知名度、可见度都远远超过了“福岁乐”品牌，这不利于“福岁乐”品牌的成长。

第三，品牌的符号体系建设滞后于价值链的建设。“江海 21”大闸蟹标准化全产业链和“江海 21”大闸蟹价值链有着和传统产业链根本性的不同，打破了传统模式通过种苗控制各环节主体的局限性，而是通过服务实现价值共享，这个价值模式需要通过符号系统传播，提高可见度，实现从行业内的可见度到消费者的可见度。

第四，福岁乐公司的经营模式兼容了 B2B 和 B2C 两种，成蟹销售端是 B2C 为主，养殖链、服务链、管理链则主要是 B2B 模式，因此，除了种源聚焦策略，还要确定盈利环节聚焦策略。品牌战略紧跟经营策略是常识，如果没有确定稳定盈利的经营策略，品牌建设一定会陷入被动。

品牌评论

和一些强势的农业企业品牌不一样，上海福岁乐生物技术有限公司一开始就通过“江海 21”新品种十年排他性使用权形成了“福岁乐”品牌的竞争壁垒，在品牌建设实践中，又自觉定位了推动大闸蟹行业变革的角色，并通过大闸蟹养殖链、管理链、服务链形成了“江海 21”大闸蟹标准化全产业链，从而创新构建了“江海 21”大闸蟹的价值链，这是非常值得肯定的农业企业品牌创建模式。在乡村振兴时代，一个具有产品品质壁垒和社会责任形象的农业企业品牌是比较容易成长的。何况，“福岁乐”品牌具备初生牛犊不怕虎的勇气和不服输的韧劲，只要根据品牌建设规律稳健走下去，“福岁乐”品牌的成功以及推动大闸蟹行业走向标准化的贡献是可期的。

——中国畜牧兽医报社社长　刘　波

现场报道

从"感知"角度把握"质量是品牌的生命"

（载 2021 年 3 月 24 日《农民日报》）

农业产业是事关生命的产业，没有哪个经营者会质疑"质量是企业的生命线""质量是产品的生命"。进入农业品牌化时代，这也成为"三农"管理者和经营主体的共识。

食品安全大于天！不管在什么情况下，再怎么强调农产品质量的重要性都不为过。但是，当我们围绕农产品品牌创建时，如何正确理解"质量是品牌的生命"?

一、影响消费者购买决策的往往是感知质量

品牌创建，说到底是沉淀品牌资产，通过品牌无形资产形成附加值，通过产品、服务实现附加值。农业品牌创建者应该清楚认识到，质量不是构成品牌资产的五大要素之一，感知质量才是品牌资产的组成部分。如果没能深刻理解感知质量是品牌资产的组成部分，显然无法正确理解"质量是品牌的生命"的本质和内涵。

概括地说，质量的相关概念有三个，即真实质量、产品质量、生产质量。这三个概念各有内涵，这些内涵的总和构成了我们通常所指的产品质量和服务质量，但这还不是感知质量的全部。

感知质量是消费者了解某一产品或服务具体功能之后，心理上对该产品或服务相对于其他产品或服务的质量或优势的整体感受。这种感受是基于产品或服务质量、又完全超越产品或服务质量的主观感受。

举个例子：当年三聚氰胺事件发生后的一段时间里，国内消费者对国产奶粉缺乏信心，难道只是产品质量比不过国外一些品牌的产品质量吗？显然不是。消费者通过感知质量来进行消费决策，如果品牌的感知质量不够好，品牌的产品质量再好，也未必能说服消费者。

再比如，“老字号”品牌。有的消费者并没有直接体验过“老字号”的产品或服务，但是老字号品牌的感知质量有着多年的沉淀，好口碑通过各种方式得到传播，所以他们往往对老字号更容易产生认同。

这些都说明，在很大程度上，是感知质量而不仅仅是产品质量决定着消费者的购买体验。

一般来说，消费者先是根据感知质量选择品牌，按品牌锁定产品系列，从产品系列中采购所需产品或服务。农业品牌创建者需要认清并摸准这条脉络。

二、感知质量对品牌塑造至关重要

为了正确理解感知质量，需要厘清不同概念质量的内涵：真实质量指的是产品或服务的优质程度；产品质量是指产品反映物体满足明确和隐含需要的能力和特性的总和；生产质量是指生产过程是否符合规范达到零缺陷目标。上述三个质量的概念，虽然是感知质量的基础，但显然与感知质量有本质的区别。

那么，如何正确理解上述三个质量概念和感知质量的关系?

第一，消费者通过某些线索判断产品的真实质量，所依赖的最佳质量判断方法可能是错的。第二，实际质量无法改变高或低的事实，但是感知质量可以避免低质量形象导致的消费者被过度影响。第三，企业追求的产品质量有可能是盲目的，无法回应消费者的需求，而感知质量能确保企业的质量投资与消费者产生共鸣。

从品牌资产角度看，感知质量对品牌塑造至关重要：一是在所有品牌联想中，只有感知质量可以推动财务绩效，是对投资回报率最为重要的贡献因素，是顾客满意度的主要驱动因素；二是感知质量是品牌定位的关键维度，常常成为差异化的定位点；三是感知质量通常是消费者购买决策行为的核心，是品牌识别的最低衡量标准；四是感知质量能够创建对真实质量、产品质量的感知。

我们在创建农业品牌的过程中，如果只看农产品质量，把品牌建设的资源都用于提高产品和服务质量，是偏颇的。

三、提升品牌的感知质量要"量体裁衣"

如何提升农业品牌的感知质量？笔者认为需要根据农业品牌的不同类型进行相应的谋划。

对于单品类农产品区域公用品牌，除了强调统一标准、统一形象、统一价格、同等服务等方面彰显农产品质量之外，应注重区域产业特色、生态、文化的挖掘和传播，利用特色生态、文化为产品质量背书，并充分应用高价策略，从而在好品质的基础上提升高感知质量。

对于全品类农产品区域公用品牌，第一，应该重视高品质品类的挖掘、传播，通过凸显高品质品类展示全品类的高质量形象。第二，应该注重综合利用区域社会、经济、文化等方面的形象为高质量背书，获得高感知质量。

对于农业企业品牌，在利用好先进工艺、精致包装、渠道等方面的优势之外，应注重创新、信用等品牌组织属性的挖掘和传播，充分利用组织属性背书，提升消费者感知质量。

对于农产品品牌，要获得高感知质量，需要形成顺序优先思维。第一顺序应当是争创品类，成功创造了新品类，有助于消费者形成高感知质量。第二顺序是努力获得专利等，为质量背书。第三顺序为获得信用支持。最后，通过诚实、淳朴、理想、追求等个性品牌彰显感知质量。

具体实施过程中，顺序优先也不是一成不变，农业品牌创建者有必要对自身品牌资源及现实基础加以梳理、分析，研究竞争对手的品牌战略战术，然后决定通过何种顺序让自己的农产品品牌形成高质量感知。

“老港”品牌

振兴区域产业，创建产品品牌

“既然看好了雪菜行业的前景，那就先做好自己，拥有专业化、标准化经营能力的雪菜品牌，才能匹配市场需求。”

——“老港”牌雪菜创始人　倪新华

品牌故事

2008 年，江南持续雨雪天气造成大范围地区出现冰冻灾害，以工哺农投身农业的倪新华遇上了第一个“寒流”——柑橘滞销。他没有因眼前的损失抽身离去，他投身农业是要闯出一番新事业，要为家乡老港镇、浦东新区农业贡献一份力量，遭遇挫折就退缩，不是他的个性。

不退缩并不意味着无所改变的坚持，这次“卖难”事件，触动倪新华重新思考事业的定位和路径。

2007 年倪新华创建上海大河蔬果专业合作社，他不是没做过差异化发展方面的调研，农业产业虽然传统，行业不少，根据他在汽车销售领域积累的经验，他是一个“晚辈”，要做一番事业，最好做别人还没有做的事，也就是说要做不同——不同的产品，或者，同行业不同的经营模式。他决定先从柑橘入手，算不上合作社的定位，只是希望通过他的营销能力和渠道帮助老港镇及周边橘农解决增收的问题，先实践起来，然后再慢慢寻找机会。

2009 年，倪新华找到了合作社的方向——振兴老港雪菜，先复兴，然后振兴，继而成就新事业。老港雪菜有 70

年的产业历史，雪菜作为加工品的市场空间大，比鲜食农产品附加值高。他还看明白了，雪菜产品背后是一条产业链，通过提升闭环产业链附加值，就能实现他闯出一番新事业的抱负。

倪新华在调研雪菜市场和产业链的过程中还发现，人人皆知的雪菜产品标准化、专业化程度还很低，甚至，连质量追溯都做不到，不少地方打出“纯手工工艺制作”，除了强化卖点，也是标准化缺位的无奈。他认识到，没有标准化、专业化，雪菜产品的食品质量就有潜在危机，一旦出问题，企业、合作社立马将陷于万劫不复之地。

酱腌菜行业以传统工艺作为卖点，大缸、泥池等腌制工具是整个行业的独特符号，“老港雪菜”要走标准化专业化道路，是颠覆，是创新，一个进入农业不久的新手、一个合作社能做到吗?

倪新华选择相信自己和合作社，他确定，既然看好了雪菜行业前景，就要做好自己，专业化的管理和标准化的产品才能匹配巨大的市场需求，同时能推动行业水平提升符合时代进步要求。

2011 年，合作社顺利注册了“老港”企业商标，雪菜是最重要的产品。倪新华认为，顺利注册下“老港”商标是上天对他的眷顾，他满怀复兴老港雪菜产业的热情，老天就给了他和合作社“老港”商标，希望他和合作社能打起老品牌复兴的旗帜。

注册了“老港”商标后，做强“老港”牌雪菜成了倪新华新事业的航标，他要为即将起航的新事业装上标准化、专业化的风帆。

擅长营销的倪新华“藏”起了他擅长卖货的能力，没有上过大学的他干起了并不擅长的事——走进上海高校找志同道合的专业人士。在向教授们成功“推销”复兴老港雪菜的想法后，倪新华先后在上海海洋大学、上海交大找到了新事业所需的专家教授。倪新华没有做甩手掌柜，他也没有办法做甩手掌柜，大学学科没有雪菜这个细分专业，要走标准化、专业化道路，需要他和教授们一起了解行业现状，一起破解行业的痛点。

倪新华邀请教授们考察市场考察行业的效果是明显的，他和教授们掌握了雪菜行业的真实状况，感受了雪菜行业专业化、标准化的迫切性。

“老港雪菜”在老上海人心里是独特的味道，是乡愁，倪新华相信，复兴老港雪菜产业绝对不是他一个人的愿望，激发更多人的参与显然有利于他的新事业，他希望通过他和合作社的努力，做老港雪菜产业复兴的播种者推动者。倪新华当然明白，老港雪菜产业复兴是时代的呼唤，合作社“老港”牌雪菜在助力区域产业复兴的过程中一定会因此得益。

2016 年老港镇成功创建“国家雪菜产销一体化标准化示范区”，示范区核心就在大河蔬果专业合作社的基地内，核心区占地面积 275 亩，其中种植面积 200 亩，配备 1 000 吨蔬菜冷藏库和 1 200 m^2 蔬菜预处理加工场地。

2019 年浦东新区大力推进以品牌为引领的农业联合体，大河雪菜产业联合体成为最早 6 家联合体之一，带动周边合作社 9 家、农户 1 000 多户，收购雪菜原料 1 263 吨，签约价平均比市场价增长 10%，当年年销售额超过 1 700 万元。“老港”品牌成为“品牌引领 - 主体联合 - 产销对接 - 资源共享 - 利益共享 - 风险共享”新型农业经营模式的“知名品牌”。

2022 年，老港镇被纳入国家级农业产业强镇建设，成为上海第六个农业产业强镇。老港镇大河村有种猪行业全国数一数二的种猪品牌，老港镇进入国家级农业产业强镇建设名录的“功臣”却是老港雪菜产业，这是共享共富时代各地产业振兴的普遍现象，没有什么值得大惊小怪的。当这个好消息传来，很多朋友祝贺“老港”品牌大显身手的时候到了，倪新华并没有欣喜若狂。这是他和合作社多年坚持、期待的结果，在这个特殊的春天，以这样的方式，恰如其分地回馈了过去将小雪菜做成大产业的所有努力。

至今，“老港”和“牛桥”这两个品牌是老港雪菜产业品牌化的代表，“牛桥”品牌有着 20 多年的历史，“老港”品牌是小老弟，和以传统为特色的“牛桥”品牌不同的是，“老港”品牌已经完成了雪菜种植、腌制环节的标准化体系建设，按照食品级设施装备要求建设的腌制车间在全国处于领先地位，而小包装、大规格包装自动化流水线中试已经完成。2021 年，合作社通过了 HACCP 认证。

上海市场上本地加工的雪菜产量占比很少，估计不到 10%，这和过去十年“老港”牌雪菜一直在练内功有关。“老港”牌雪菜前几年就成了东航等优质采购商们的采购产品，产品品质、形象是没有问题的。善于营销的倪新华也不愁市场和销量，有了标准化品质的背书，只要新设备开动起来，“老港”牌雪菜经营额超过亿元没有问题。

品牌创建模式

老港镇被纳入 2022 年农业产业强镇建设名录的新闻传开后，以工哺农投身农业的倪新华意识到，“老港”牌雪菜爆发的时机成熟了！

老港雪菜的味道是老上海人心里独特的味道，这个味道曾因老港雪菜产业的兴盛而香飘浦江两岸，也因老港雪菜产业的衰落而藏进了老上海人的心底。因为工业化、城镇化的大浪淘沙，“老港雪菜”区域公用品牌的衰落迅速而不留痕迹，在老港镇的史料库里，甚至找不到曾经辉煌的历史凭据。当“鄞州雪菜”等雪菜类区域公用品牌诞生 10 年之后，如果不是倪新华要闯出一番新事业，老港雪菜可能仍将留在老上海人的心底，老港镇创建“国家雪菜产销一体化标准化示范区”也无从谈起，更谈不上 2022 年成功闯进国家农业产业强镇的建设名录。

从本质上讲，曾经那个“老港雪菜”区域公用品牌仍被历史尘埃掩埋着，因为新时代的“老港”牌雪菜是大河蔬果合作社的产品品牌，虽然被有意无意地打上了品牌复兴的聚光灯，却改变不了新“老港”品牌的所有权和经营权归合作社的事实。源远流长的农耕文明历史留下了不少类似“老港雪菜”的品牌故事，有的品牌正在演绎新时代品牌复兴的故事，有的依然等待着被唤醒。振兴老品牌比创建新品牌更符合农业品牌创建规律，区域产业、区域公用品牌是区域农业振兴的“第一资产”，如何用好这一资产，又如何遵循农业品牌创建规律做强传统产业，让更多的农户共享共富，这是研究“老港”品牌创建模式的价值所在。

一、夯实区域产业基础，改良品牌成长土壤

过去十多年，倪新华和上海大河蔬果专业合作社的所作所为以及社会各界的认知都明确指向了一点——浦东新区老港镇雪菜产业复兴引领者。品牌创始人倪新华是土生土长的大河村人，合作社的定位、形象和他投身农业事业的初衷高度吻合，也和他对农业事业的理解追求相吻合。站在21世纪第二个十年的农业产业大门前，只有努力创建新品类，努力创建品牌，才谈得上在农业产业领域创建一番新事业。

做好复兴老港雪菜产业的领路人是合作社的定位之一，合作社还有一个老港雪菜产品的定位，即通过标准化、专业化保证品质管控能力达到食品级水平，这两个定位意味着合作社要重塑老港雪菜产业链，推动产业链的专业化管理、标准化经营。倪新华个人及资源优势集中在营销、渠

道环节，他一开始寄希望于联合，联合雪菜产业链各环节主体抱团发展。

这条理想的路没有走通，如果他坚持做下去，只能依靠合作社自身努力，向外界寻找专业资源。

他找到了上海海洋大学食品学院的俞骏教授，并说服俞骏教授加入到老港雪菜产业链重塑的事业中来。倪新华因此走出了食品加工专业化、标准化的第一步。

第二步是和上海交通大学农业与生物学院合作，在雪菜品种研发、种植农艺标准化方面形成了合作机制。这一合作机制为腌制、深加工环节的产品质量打下了原材料品质和质量追溯的基础，也为全产业链的标准化开创了新格局。

中国酱腌菜行业市场销售额超千亿元，包括种源、种植环节在内的全产业链则以万亿元计，雪菜在整个酱腌菜行业中占比虽然不大，也有几十亿元的销量，而且，随着预制菜市场的成熟，雪菜“百搭增鲜”的功能会得到市场进一步青睐，市场空间也会因此扩增，前提是实现雪菜全程质量可追溯及标准化。不管是农产品品类还是食品品类，没有专业化、标准化的前提，任何品类都有可能被看似意外实则必然的风险光顾，也只有实现雪菜产业链的专业化、标准化，才能把生产销售雪菜做成事业，远离“老坛酸菜的危机”。

在战略层面，“老港”牌雪菜的成长策略是值得借鉴的。一方面，“老港”牌雪菜不急着抢占市场，而是稳扎稳打，抓住行业标准化、专业化的痛点，从种源到种植，从腌制到深加工，最后包装上市，实施标准化、专业化技术和能力储备。另一方面，通过推动老港雪菜产业的复兴树立合作社形象，提升品牌整合产业发展资源的能力，特别是通过订单方式提升种植合作社、大户的标准化水平及稳定产能的内生动力，为品牌营销打下种植业环节的基础。

2016 年老港镇成功创建“国家雪菜产销一体化标准化示范区”，2022 年老港镇以老港雪菜为特色产业成功闯进国家农业产业强镇建设名录，“老港”牌雪菜的重要贡献是有目共睹的，国家雪菜产销一体化标准化示范区核心区在合作社，现代化加工设施建设得到区、镇的大力支持，是互促互惠的生动实践。

更重要的是，老港镇及周边区域形成了“老港”雪菜原料雪里蕻产量近 2 万吨，这 2 万吨雪里蕻的标准化程度和“老港”雪菜产品的原材料标准在国内独树一帜。为老港雪菜产业复兴播下一粒“新品种”的“老港”牌收获了“一片绿荫”，“老港”品牌帆已升起，“老港”牌雪菜即将驶入市场的大海。

二、构建以数字为核心的标准化产业链

众多地方特产打传统牌、纯手工牌是产品销售需要，在大流通大市场环境下，商家也知道传统牌、手工牌并不是好牌，没有办法吸引更多的消费者，对区域产业发展帮助并不大，这是地方特色产业得不到光大反而陷于衰退的

根本原因。地方特色产业的做强做大需要闯过产业链标准化和品牌差异化重塑这两道关。

闯这两道关存在两方面的担忧。一是区域公用品牌复兴过程存在很多不确定性，是一项长期性的投资，单靠市场主体的投入，开始时投入和产出肯定是不对等的。二是品牌复兴之后的收益不明确或者得不到保障，公用地灾害风险得不到有效控制，没有足够的市场动力。因此，地方政府引导推动的闯关是老品牌复兴最好的组织形式。

倪新华为“老港”牌雪菜注入了标准化、专业化价值的同时，也为免遭公用地灾害扎起了篱笆，即在重塑老港雪菜产业链的过程中把标准化提升到数字标准的程度，也就是在需要严格执行标准的环节，通过数字化模式执行标准，即种植环节、腌制环节、深加工环节、包装环节都努力实现数字化、全自动化的标准水平。

种植环节。腌制菜作为加工产品本身起到消化不合格鲜食蔬菜的功能，从而提高种植环节经营户的效益，因此，不少地方轻视了种植环节的标准化。“老港”牌雪菜的目标是全产业链的标准化，认清了种植环节标准化至于后续标准的重要性和意义。通过和上海交大合作形成了种源标准化、投入品标准化、种植农艺的标准化和采收的标准化，并上升为“老港”牌雪菜的数字化种植标准。在这个标准之下，包括营养成分、根茎大小比例、单棵菜的重量都有了数字标准，为腌制环节的标准化打下了原材料标准化的基础。

腌制环节是雪菜产品实现最终标准化的关键环节。"老港"牌雪菜通过无数次对比试验形成了一套数字化腌制标准，通过控制雪里蕻的干燥度、腌制温度、亚硝酸含量、盐度等得到口感和不同盐度的系列标准化产品，满足不同地域不同口味的消费者需求。2021 年，"老港"牌雪菜建成了食品级的腌制车间，标准化和智能化程度全国一流。2022 年"老港"雪菜将完成深加工车间的数字化、自动化提升，从而达成加工环节全程实现数字化、自动化的目标。

包装环节是实现雪菜类产品标准化的最后一个环节，"老港"牌雪菜的包装分为大规格和小规格两种，早几年就实现了全自动灌装。在这个环节，除了保证让消费者享受到口感好、鲜美、营养等雪菜的产品功能属性外，还可以为消费者提供视觉享受、愉悦体验等情感性利益，甚至有可能通过品牌包装的赏心悦目上升到消费者的满足。"老港"牌雪菜共有非即食和即食 16 个系列产品，品牌为不同的产品设计了不同的包装，在这些包装产品中，礼品包装产品在同类产品中显得更简洁、大气、时尚，具有强势品牌产品的潜力。

三、培育区域特色产业，孵化产品品牌

酱腌菜行业中泡菜的产量产值最大，其次是榨菜，品牌化程度最高的是榨菜。过去十多年，酱腌菜行业基本形成了规模效应，制定品牌传播策略时也把区域内的消费者

作为利基市场考虑，通过品牌吸引更广范围潜在消费者则是经营趋势，是主流。在这个大背景下，“老港”牌雪菜从一开始就认清了趋势，确立了做大区域特色产业创建企业品牌、产品品牌的策略。

“老港”牌雪菜最主要的原材料是雪里蕻，在区域没有形成稳定的种植规模前，一个没有足够资金和经营团队的新生品牌凭借自身力量塑造标准化产业链是不自量力。倪新华准确判断了农业产业发展形势，“老港”牌雪菜自觉承担起推动区域形成雪里蕻规模经济的责任，部分承担起了地方政府的职责。大河蔬果合作社的行动是最好的名片，上海各级政府历来注重产业效率效益，愿意扶持真心做产业的企业，而且，支持的强度会随着区域特色产业的扩大而加大。2016 年大河蔬果合作社成功建起 275 亩国家标准化雪菜种植基地，形成雪菜良种繁育 2 000 亩次生产用种需求，2018 年成功晋级国家农民专业合作社示范社，2019 年组建上海大河雪菜产业联合体，成为浦东新区推动联合体发展产业重大行动中的先头部队，如果没有地方政府的支持，单凭合作社的努力，是不可能的。

这也是“老港”品牌策略的成功。如果没有从一开始就确立推动区域特色产业发展孵化企业品牌、产品品牌的策略，“老港”牌雪菜产品很有可能只限于农副产品，“老港”牌也可能只是一个商标而不是企业品牌，更不可能培育出“老港”牌品牌雪菜。

品牌诊断

“老港”牌雪菜是一个事实上起到区域公用品牌作用的合作社品牌，品牌自觉承担起了复兴区域传统雪菜产业的责任，在过去十年为重振老港雪菜的知名度和影响力贡献了力量，老港镇因此收获了国家标准化雪菜种植基地示范区、农业产业强镇。

在创建“老港”牌雪菜前期，品牌的差异化战略比较清晰，即通过专业化、标准化改变雪菜传统产业链的传统种植和凭经验手工腌制，从而构建了品牌从种源、种植农艺、腌制、深加工到包装的标准化产业链，并且围绕产业链形成了品牌的数字化、自动化生产管理体系。应该说，“老港”牌雪菜厚植了做强做大老港雪菜产品的土壤，接下来只要按照品牌建设规律尽快提升品牌知名度、影响力，积累品牌资产，“老港”牌雪菜就会迎来品牌建设的回报。

事情很可能没有这么简单。中国农业品牌化发展经验表明，中国特色的农业区域公用品牌和企业品牌之间形成母子品牌关系比较符合品牌创建规律，也能够从一开始就清晰品牌创建投入、受益的角色和关系，为产业、企业、合作社、农户增加附加值的同时，保护产业持续、健康发展。雪菜是“老港”品牌下的主要产品，如果继续沿用老港雪菜的产品名称，存在和区域公用品牌冲突甚至被误解为企业品牌“鸠占鹊巢”的现实风险。另一个风险是，企业所有的品牌建设投入被公益化，因为一旦老港镇政府要做强“老港雪菜”区域公用品牌，企业就无法独占“老港”牌雪菜商标各项权益，品牌建设会因此陷入纠纷。因此，“老港”牌雪菜迎来特别发展机遇的同时，也迎来了品牌成长的关键节点，“老港”品牌需要重新规划，形成新的品牌建设战略，从战略上解决好过去几年积累下来的“公共属性”价值共享问题，厘清企业产品品牌和“老港雪菜”区域公用品牌之间的关系。

也就是说，老港镇政府和大河蔬果合作社应该重视“老港雪菜”区域公用品牌和“老港”牌雪菜的关系问题，最好是从法律层面彻底解决好。区域公用品牌的所有权归镇政府或者行业协会，运营权的归属可以灵活处理，如果协会有能力运营更好，没有能力委托领头的企业、合作社也不是不可以。

从大河蔬果合作社的利益及发展考虑，在符合以下两个条件的情况下可以坚持继续做强“老港”牌雪菜：一是老港镇政府着力打造新的区域公用品牌，不再继承“老港雪菜”老品牌的资产；二是企业能够注册“老港雪菜”产品品牌。如果不具备上述两个条件，大河蔬果合作社必须尽快注册雪菜产品新商标，重新创建雪菜产品品牌，不然，合作社前期为形成差异化竞争的投入以及未来做大合作社雪菜产品品牌很有可能是低效甚至是无效的。

品牌评论

带着振兴乡村情怀的人投身农业产业一定是重视品牌创建的，他们有资本有经营经验，更带着竞争意识，愿意在构建品牌差异化方面下工夫，所以，相对而言，这样的品牌更容易胜出。“老港”品牌创建的策略是不错的，通过推动传统产业老港雪菜复兴形成“老港”牌雪菜的知名度和独特形象，通过标准化、专业化提升品牌的竞争力。“老港”品牌的创建策略和战术，值得众多反哺农业的品牌创始人特别是从事区域特色产业经营的人士学习。

——中国畜牧兽医报社社长　刘　波

“华维”品牌

创的就是中国农业灌溉自主品牌 No.1

“华维经营的不是工厂，是品牌，是对标国际一流企业的中国农业智慧灌溉自主品牌。”

——“华维”品牌创始人　吕名礼

品牌故事

2019 年跨年夜，永州大雪，飞上海的航班取消，“华维”品牌创始人吕名礼坐着绿皮车往家赶。2018 年最后一天，华维公司和湖南永州东安县政府完成了华维农装智谷・东安谷的所有合作洽谈，“华维”品牌以上海总部为华维节水科技集团股份有限公司智造中心的“一心五谷”产业布局落下重要一子。吕名礼希望能在元旦前赶到家，除了绿皮车，没得选。为了中国农业灌溉第一自主品牌，吕名礼早就习惯了这样的工作节奏。

在绿皮车上，吕名礼感慨万千，他为自己当年的决策自豪，如果不是把创建“华维”品牌作为创业目标，眼下和未来可期的成就一定不是属于他的成功。

吕名礼的成就感是实实在在的可持续的。2019 年新中国成立 70 周年，及笄之年的“华维”品牌迎来又一个属于华维人的灿烂时光。这一年，吕名礼获得改革开放 40 年中国灌排行业优秀青年企业家奖、全国农业节水科技奖二等奖和突出贡献奖。华维公司完成 B 轮融资，由中信证券领投，红塔创新基金追加投资。

2001 年吕名礼创建了华维节水科技集团股份有限公司的前身上海华维节水灌溉有限公司，立志打造一个中国自主灌溉品牌。那个时期，所谓的灌溉主要指的是园林灌溉，代理洋品牌是唯一的生意经，市场不关心企业更不关心是否是自主品牌，只关注企业是哪个洋品牌的代理商。吕名礼的立志，曲高和寡。

吕名礼立志创建中国自主灌溉品牌不是噱头，公司成立之初，就在《园林》杂志、《中国花卉报》等媒体宣传华维，同时入驻百度“竞价排名”，第一时间拥抱互联网。在拨号上网的年代，又率先推出中国灌溉行业企业官网“华维官网”。

2006 年，中国农业大学农林水利专业科班出身的吕名礼听到了中国农业现代化的鼓角争鸣，决定和农业灌溉行业洋品牌独步天下的现状说不，聚焦农业灌溉设施装备，创建中国农业灌溉自主品牌。作出聚焦决策之后，吕名礼明确了华维品牌的使命：华地上万物，维至善初心。汇天下甘泉，丰家国仓廪。

在培育农业灌溉自主品牌的荒原上，华维公司一要保证自身品牌活下去，二要培育农业节水高效灌溉市场，也就是说，“华维”品牌要承担起中国农业精准灌溉领域的两个角色，一是旗手，二是将帅。要完成好这两个角色，除了创新，还必须走实业的道路。

华维品牌对标的是以色列灌溉企业品牌耐特菲姆，和耐特菲姆不同的是，华维品牌除了要创新研发出高质量的节水灌溉产品，还要让广大种植者真切体会到精准灌溉的低成本、简便高效，不这么做，华维品牌的成长必将坎坷，中国农业的精准灌溉市场也无法形成，更谈不上繁荣。2008 年，华维公司第一个工厂投产，吕名礼把"好产品·中国造"这几个字镌刻在工厂大门上。随后，华维自主知识产权的微喷头、滴箭、锁扣式管件等产品相继问世，华维产品用得好、也用得起的口碑开始在市场流传。

2010 年，吕名礼亲自设计的蕴含"绿水青山就是金山银山"的品牌符号成功注册。经过 6 年坚持不懈的努力，2016 年终于注册了"华维"商标。在这期间，以"喜耕田"子品牌为代表的产品品牌相继注册成功。这些品牌的诞生和成长，记录了华维公司推动行业向智慧化、数字化转型的历程。

到 2020 年，华维集团形成了华维智慧灌溉、龙抬头 ACA 可控农业两大产品系列。与之配套的是两个闭环：一是产品从研发、设计、制造、安装到售后服务的闭环；二是以品牌中心、研发中心、产品智造中心为标志的品牌价值链闭环。

2011 年华维公司十周年庆典，"让天下种植者轻松赚大钱"的企业使命、"诚信做人、用心做事、快乐生活"的企业文化随之走出上海走向全国。这一年，是"华维"品牌全国化的一年，也是"华维"品牌在中国农业灌溉领域知名度、美誉度走到同行前列的一年。从这一年开始，“华维”品牌创始人吕名礼在农业灌溉领域的专家身份得到巩固和传播，华维品牌在灌溉行业、农业领域得到有效传播。

因为同时期灌溉企业创始人没有象吕名礼那样重视品牌建设，“华维”品牌在起跑时领先了一步；2006 年聚焦农业灌溉并确立创新 + 实业的经营模式，为“华维”品牌树立引领农业智慧灌溉行业发展的形象创造了先机；企业诞生 20 年之后，“华维”品牌成为中国农业灌溉领域公认的知名度、美誉度第一的企业品牌，可信的产品和服务质量是一方面，华维模式的品牌传播也功不可没。

一个卓越的企业品牌要具备四个方面的特性：一是要有好产品；二是企业要具备创新、诚信等权威形象；三是品牌要有独特气质；四是品牌要符号化。回顾“华维”品牌成长历史和现状，可以说“华维”品牌具备了这四个方面的特性，并通过“让天下种植者轻松赚大钱”的口号向消费者传递华维品牌的价值主张。

“华维”品牌的传播方式朴实而经典，一是围绕行业内的政产学研平台，二是围绕市场。针对政产学研平台的传播，主要是借势农业灌溉领域的专家和专家型企业家的影响力，通过各种灌溉行业高端论坛、活动等机会推动农业灌溉向着精准化、可控方向发展。同时，华维公司积极争取承办行业内的品牌活动，不露声色地传播“华维”品牌。在市场化传播方面，华维首创了“中国灌溉创客孵化中心”，通过培训、策划活动等方式，让更多人加入到农业灌溉事业中来。

“华维”品牌在积极向外部传播的同时，也以策划活动等方式做好企业内部的传播，触动企业员工深刻理解品牌、爱上品牌并以企业品牌为荣。2022 年，华维公司发起每个部门、每位员工通过专门的视频号等方式传播华维品牌的活动，吕名礼亲自灌溉了“华维”品牌 21 年之后，华维公司创造性地把这项工作和每一位员工联系了起来。

品牌创建模式

2022 年春天，上海企业受到疫情“阻击”，位于金山区亭林镇的华维公司总部不得不停产，远在湖南省永州市东安县的华维农装智谷·东安谷和内蒙古自治区包头市金山工业园的华维农装智谷·金山谷则开足马力保障订单的顺利交付。

2020 年之前，华维以智慧灌溉产品研发、生产、销售服务为主，2020 年之后，华维的第二个产品品牌—农抬头 ACA 可控农业业务模式自然进化而生，并快速增长，2021 年签单额达到 1.5 亿元，帮助华维集团 2021 年的经营额上了一个台阶，签单总额突破了 5 亿元。2022 年 4 月，在总部停摆的情况下，可控农业品类完成签单额近 1 亿元，为全年实现可控农业品类 3.5 亿元的签单目标打下了基础。

刚刚度过 21 周岁生日的华维公司向外界传递如下信息：如果能够按计划完成组织体系建设目标，华维未来几年平均业绩增长将超过 50%。国内专门从事农业灌溉的企业经营额达到 5 000 万元的不多，华维业绩却即将迎来爆发性增长，这得归功于“华维”品牌的力量。

一、聚焦农业灌溉品类，培育精准灌溉市场

2006年中央一号文件主题聚焦新农村建设，第二条提出"推进现代农业建设，强化社会主义新农村建设的产业支撑"，明确提出按照高产、优质、高效、生态、安全的要求，调整优化农业结构。吕名礼作出了"聚焦农业灌溉"做强做大的战略决策，果断砍掉园林灌溉、喷泉水景等五大业务板块，目标是培育农业灌溉品类，推动精准灌溉智慧灌溉市场的发展。当时，农业灌溉板块是华维公司最晚启动利润最薄的业务板块，聚焦灌溉领域最冷门的农业灌溉，既是市场的眼光、专业的眼光，也是政治经济学的眼光。对于吕名礼个人，聚焦农业灌溉，他那中国农业大学农林水利工程专业优势和提高农业生产率尽快让农民摆脱靠天吃饭命运的情怀更有可能形成共振。

培育新品类是成为领导品牌的必要非充分条件，只有在培育品牌的同时培育出新品类市场，方能成就领导者地位。"华维"品牌在做出聚焦决策后，第一时间对标全球灌溉行业一流品牌的以色列公司，定下了"科创和实业双轮驱动"的经营策略。这是基于对中国灌溉行业和农业现代化需求的分析。如果没有实体，采取类似于汽车整车组装的经营模式，"华维"品牌迈不出农业灌溉自主品牌的第一步，也无法培育市场。市场需要"用得好也用得起"的灌溉产品去拓展，如果企业没有创新研发能力，没有闭环制

造链，自然提供不了市场需要的产品和相应的服务。

“华维”品牌的创新经历了三个阶段。

第一阶段是创新研发农业灌溉系列产品和系统，从“工业之母”——模具的自主开发和原材料改性等核心环节入手，系统解决滴头、滴灌带、喷头、PE管等产品的功能、可靠性等难题，通过高质量、长寿命的产品培育利基市场。第二阶段是研发智慧灌溉系统，通过灌溉+互联网的模式服务特色高效农业产业主体，培育中高端消费者。第三阶段是创造性地提出ACA可控农业模式，实现农业优质、高产、生态、可持续，形成和华维智慧灌溉媲美的可控农业新品类。

“华维”品牌的实践证明，创新和实业有效支持了农业灌溉企业品牌的差异化。

二、有效支持品牌差异化定位

“华维”品牌聚焦农业灌溉之初的定位是明确的，即中国农业灌溉第一自主品牌，并提出了“让天下种植者轻松赚大钱”的华维使命。品牌的差异化定位是品牌的核心，绝非主观想象，需要得到品牌识别各组成部分的强力支持。

让我们一起来看看华维在支持品牌识别方面的实践。

农业灌溉产品，小到一个零件，大到一个部件、一套灌溉系统，并不会因为农业的比较效益差、农业经营者舍不得投入而减少消费者对产品可靠性、耐用性等方面的期待，这一特殊用户群体为了自身权益反而对产品的操作简便性、低成本、高寿命等提出更高的综合要求，智慧灌溉的用户更是如此。华维通过构建自主研发、自主制造、自主规划设计、自主施工和综合服务的闭环为品牌提供了产品功能方面的强大支持。

华维灌溉产品涵盖了全系列灌水器（滴灌、微喷、喷灌）、过滤、施肥、管材管件、阀门、控制系统、物联网平台等七大系列，以及支撑 ACA 可控农业的配方基质、配方肥等体系化产品。自主研发和全系列制造的优势是投入产出、质量效益可控，从根本上解决了传统灌溉和温室企业没有质量把控能力、没有定价权的问题。因为生产全过程可控，消费者获得好产品的同时，也获得了"华维一站式服务"的良好体验。

发明专利、科技奖等是一个创新领导品牌资产的组成部分，华维除了新型低能耗多功能节水灌溉装备关键技术研究与应用获得 2015 年国家科技进步二等奖之外，还拥有以"1828 压力补偿滴头"为代表的发明专利和软著两百余项，这些发明创新填补了中国灌溉行业的空白，突破了被洋品牌"卡脖子"的困境。

中国从事农业灌溉业务的企业超过 2 000 家，以农业灌溉业务为主并打造自主品牌的企业，不到百分之一，这一方面减轻了"华维"品牌树立创新、责任等品牌形象的压力，另一方面，也是对华维公司能否树立起创新、引领等品牌形象的考验。华维的创新形象首先是通过行业内的口碑而立起来的。

2011 年，在上海总部基本形成自主研发体系和全系列产品制造链的华维进军全国市场，借华维成立十周年庆典之际邀请了国家农业农村部、水利部等行业主管部门和行业科技界精英。这一年，华维还获得了参与“十二五”国家 863 课题的机会。“华维”品牌因此走向全国。

随后，华维一步步突出创新研发的实力和品牌形象。在上海交通大学的支持参与下，2017 年华维主导创建了上海节水灌溉工程技术研究中心，2020 年建立永州市可控农业工程技术研究中心。两个工程研究中心除了拥有华维公司多层次、多学科的研发团队，还组建了专家顾问委员会，康绍忠、茆智、朱明院士及国家设施农业工程技术研究中心学术带头人徐立鸿教授等著名教授欣然接受了华维公司的邀请。

树立中国农业灌溉第一自主品牌、世界领先的农业智慧灌溉品牌形象少不得品牌个性化的支撑。为了给“华维”品牌注入诚信、活力、担当等元素，创始人吕名礼自始至终坚持“从我做起”。2019 年，吕名礼荣膺国务院特殊津贴专家、国家“万人计划”领军人才，同时，在行业内积累了优势资源。除了用好优势资源，吕名礼还对他自己做了明确的定位——中国新三农人，一个希望通过“华维”

品牌努力改变农民靠天吃饭现状的中国新三农人。基于这个追求和情怀，他为“华维”品牌注入了维系中华、保护地球、孕育希望等等家国情怀和使命担当。

华维公司创建的中国第一家灌溉博物馆墙上有一个“华维”品牌展示区，展示了华维集团品牌矩阵中的华维灌溉、农抬头、喜耕田、样样好四大产品品牌。在每一个品牌策划、诞生及成长过程的重要节点上，吕名礼始终在。在迎来每一个品牌传播机会时，吕名礼就是那个当之无愧的品牌推广者。

图 1　华维的 LOGO 解读示意图

这是华维品牌 LOGO 解读（图 1）：（1）维系中华，节水先行。（2）保护地球，持续发展。（3）生命之源，滴水蓓惜。（4）新芽萌发，孕育希望。寓意着“在一滴智慧之水的滋养下，两片富有张力的幼苗破土而出，蓝色的地球永远生机勃勃。”

华维 LOGO 自 2010 年诞生以来始终是华维公司传播的第一符号，标志的解读在不同阶段做了细微调整，含义还是原汁原味。如果不是一个以品牌为经营对象的企业，显然是做不到的。

三、有效传播品牌

成功的品牌就是一个名称，一个符号。

2015 年，为了让品牌名称更好匹配市场需求，在遇到恶意抢注“华维灌溉”不良现象时保护好品牌形象，华维将“上海华维节水灌溉股份有限公司”变更为“华维节水科技集团股份有限公司”，华维 LOGO 中的文字部分由“上海华维”改为“华维集团”，而那已经被消费者熟悉并记住的 LOGO 图形没有任何改变。很少有人注意到华维 LOGO 的变化，这是华维品牌一直注重传播品牌符号的收获。华维在实施品牌可见度方面的实践，值得品牌创始人学习借鉴。

一个小故事能够反映华维关注符号传播的理念和正确行为。为了拓展业务量，华维公司成立之初需要在行业杂志、行业主流媒体上做广告。那是个纸媒一统天下的时代，版面费高的离谱，刚起步的华维决定做广告已经够有魄力了，要做大版面广告，真是舍不得。但是，在广告版面容量不够充足的情况下，华维公司选择放弃具体产品宣传，优先展示品牌标识。

还有一个小故事反映了“华维”品牌传播的创新理念和能力。在互联网刚露出颠覆传统媒体广告的稚嫩面孔时，华维公司就率先入驻百度“竞价排名”，创建了中国农业灌溉行业第一个企业官方网站。

这样的理念和创新行为，在“华维”品牌成长过程中一直都在，也起到了较好的效果。

大多数农业企业品牌传播主要依赖各种行业展会，华维品牌除了参加各种展会，更多的是通过策划、承办或主办行业高端会议、论坛等，以此展示品牌。

2012 年，华维创设了中国高效水肥一体化灌溉技术研讨会；2016 年承办了中国灌排行业发展论坛暨全国节水灌溉技术及装备战略研讨会；2018 年、2019 年先后两次承办全国微灌大会。特别是 2019 年，华维抓住建国七十周年大庆的机会，成功策划并承办由农业农村部、水利部等五大部门主办的建国七十周年·中国农业水利产业五会一赛，即全国农业节水和农村供水技术发展高峰论坛、全国农业节水农村供水技术与设备博览会、中国农业节水和农村供水领域企业家论坛、中国农业节水和农村供水信息化发展论坛、第十三次全国微灌大会和首届“华维杯”全国大学生农业水利工程及相关专业创新设计大赛。

2020 年，华维公司借华维农装智谷·东安谷投产仪式，推出融合设施农业和数字农业的 ACA 可控农业，并以各种方式传播该新品类，在“华维”品牌传播历程中留下了新的足印。

得到华维公司赞助支持的活动其质量和规格高，所承办活动的级别也相对较高，“华维”品牌因此在行业内赢得了中国农业灌溉第一自主品牌的形象和声誉。为了有效传播这个形象和声誉，“华维”品牌在自建传播媒介方面的探索也收获了不错的效果。

2015 年华维公司组建了华维学院，并创立了“中国灌溉创客孵化中心”，通过培训激发更多志同道合者加入智慧灌溉行业，培育市场的同时也传播了“华维”品牌。2018 年，华维公司创建了中国第一家灌溉博物馆，场景式呈现“华维”品牌和中国千年农耕文明、水文化。2020 年首次举办 ACA 可控农业论坛，也是异曲同工之妙。

各地及中央主流媒体是传播全国性农业品牌的有效渠道，“华维”品牌在成长过程中和央媒、地方卫视等主流媒体建立了较好的互动关系，通过这些渠道，及时地把华维公司的用科创扎实业的根、通过科技装备和先进模式兴旺产业进而振兴乡村的品牌故事讲好、传播好。

从品牌愿景来看，“华维”品牌经历了中国灌溉行业自主品牌、中国农业灌溉第一自主品牌、世界领先的智慧灌溉品牌和世界领先的可控农业品牌三个阶段，这三个阶段的递进和品牌聚焦策略、创新策略保持了同步。在品牌传播方面，主要是“华维”品牌在做好向外传播的同时，也做好了企业内部的品牌传播和管理。过去 21 年，华维公司实践了“新员工华维化”的内部传播、管理模式，即从员工进入招聘环节开始，一直到融入华维公司的团队，融入华维品牌文化，全过程采取了引导员工了解、理解、认同、与“华维”品牌共进退的方式。华维公司为此策划设计了多种活动，寓教于乐，直到员工将“诚信做人、用心做事、快乐生活”的“华维”品牌价值观内化于心、外化于行。

2022 年，华维公司发起了全员学习自媒体的行动，以期通过每个部门、每位员工传播“华维”品牌，通过视频号等方式裂变式地传播“华维”品牌。“华维”品牌的价值主张和用户的关系等，通过具体而生动的视觉呈现，得到有效传播，进一步提高了“华维”品牌的可见度。

品牌诊断

“华维”品牌创始人从一开始就奔着创建自主品牌的目标，这是相当难得的品牌经营理念。接着，聚焦农业灌溉，先后提出了创建中国农业灌溉第一自主品牌、世界领先的智慧灌溉品牌和世界领先的可控农业品牌，华维公司保持品牌的初心由此可见。

2021 年，华维公司签单额超过 5 亿元，其中农抬头可控农业签单量达到 1.5 亿元，数据虽然还不足以说明农抬头可控农业品牌在华维企业品牌架构中是战略品牌角色还是关键品牌角色，从华维公司预判 2022 年农抬头可控农业签单量将达到 3.5 亿元看，农抬头可控农业品牌和其他品牌之间的关系确实需要得到重视，也就是说，华维公司是到了重新思考品牌架构的时候了。

“华维”品牌在快速成长过程中的困惑是明显的，按照品牌创始人的解释，华维公司采用的是多品牌组合架构，由华维灌溉、农抬头可控农业、喜耕田、样样好四大品牌组合而成。回顾分析华维企业品牌运营全过程，虽然华维集团分别成立了上海农抬头农业发展有限公司和上海田韵物联网科技有限公司，华维公司的品牌关系存在着明显的品牌化组合特征，即华维企业品牌在四大品牌中起着主导作用，而且这样的主导作用还比较强势。

采用品牌化组合还是多品牌组合关键看效果，国外那些国际化制造业公司也给出了各自的实践和结论。比如 GE 公司一贯采用了由 GE 公司品牌主导的品牌化组合架构，而福特、丰田等公司则通过创建金牛座汽车品牌、雷克萨斯品牌行动支持强势子品牌策略，这些老牌国际化公司的品牌运营经验，值得华维公司借鉴。

华维公司的目标是创建世界领先的智慧灌溉品牌和世界领先的可控农业品牌，现有的实力和品牌运营基础已经能够支撑华维公司开展更高效的品牌运营行动了，那么，首先要解决好自有品牌运营团队和专业品牌运营团队分工合作的问题，请专业的品牌规划团队为华维公司量身定做品牌战略规划，也到时候了。

品牌评论

20 年时间，“华维”品牌成长为中国农业灌溉第一自主品牌，了不起！“华维”品牌的创建实践，为中国农业品牌化贡献了宝贵的财富，也为农业企业经营者积累了品牌建设的宝贵经验。华维公司的品牌围绕自主这个初心经历了两次蜕变，第一次是在中国自主灌溉品牌的基础上蜕变为中国农业灌溉第一自主品牌，第二次蜕变为世界领先的智慧灌溉品牌和世界领先的可控农业品牌，支撑蜕变的，是创新和实业，创新构建了自主知识产权的产品制造链，创新构建了“华维”品牌的价值链。华维故事把创新作为赋能品牌的抓手，包括品牌传播的创新，同时通过物化的方式呈现品牌价值。

华维品牌创建模式是教科书级的。

——中国畜牧兽医报社社长　刘　波

现场报道

如何有效落实“三品一标”提升行动

（载 2021 年 5 月 19 日《农民日报》）

近日，农业农村部办公厅印发《农业生产“三品一标”提升行动实施方案》，明确要求各地细化方案、聚焦重点、聚合力量，抓好落实，推进品种培优、品质提升、品牌打造和标准化生产，引领农业绿色发展，提升农业质量效益和竞争力。各级政府部门及市场主体对此文件迅速作出反应，并通过新“三品一标”与旧“三品一标”的本质区别等角度去认知、感悟新“三品一标”的内涵和时代意义。笔者以为，在经历了农业供给侧结构性改革洗礼、形成农业绿色发展共识的历史时期提出“三品一标”提升行动，扭住了当下农业生产的“牛鼻子”，是承前启后的战略决策，此举必将高效推进中国农业现代化的进程。

要落实新“三品一标”提升行动，就要正确理解它的几个维度，并充分理解品牌打造在新“三品一标”中的意义。

旧的“三品一标”概念指的是无公害农产品、绿色食品、有机农产品及地理标志农产品，本质上是以品质为标准的农产品分级，通过生产端实现提质增效目标。新“三品一标”则完全不同，品种培优、品质提升、品牌打造和标准化生产四个维度不仅贯穿了农业全产业链，而且还明确了农业产业的竞争导向，即把品牌打造作为一个维度单独列了出来。新“三品一标”的战略意义由此可知。

在提出新“三品一标”之前，各级政府和市场主体其实已经形成了一些共识：品质是品牌的生命；品种培优不仅可以提高品质，还可以形成新品类，是打造品牌不可忽视的要素；标准化生产能够稳定品质，形成获得消费者认同喜爱的商品，有利于打造品牌。但仅有这些仍是不够的，笔者以为，要以品牌为引领来培优品种、提升品质、进行标准化生产。

品牌是基于差异化定位的战略战术系统，农业品牌自然不例外，也正是因为差异化定位，才能把品牌的竞争导向落到实处。以玉米为例，如果是作为饲料用的玉米，品牌竞争力的指标主要是节水减肥高产，品质则通过容重、粗蛋白质、不完善粒等方面表现，围绕上述指标开展饲料用玉米的品种和种植技术提升及标准化生产，才符合饲料用玉米的品牌打造。如果是鲜食玉米，品牌竞争力的指标除了柔嫩性、食味和口感、种皮厚度等，还强调外观性状、色泽、籽粒排列、饱满度这些感观质量，品种优化和标准化生产围绕这些指标，才能有利于品牌打造。玉米如此，其他大宗农产品和特色小众农产品亦然，根据品牌战略规划实施品种优化、品质提升和标准化生产，才是有效的、符合市场需求的做法。

另外，以竞争为导向的品牌有着独特的差异化定位。产品功能和消费对象、竞争对手完全不同，品牌附加值沉淀和实现方式自然就不同，体现在品牌打造的方法论上，就是模式和道路的不同。比如，以绿色高产为主要追求的大宗农产品，选择农产品区域公用品牌模式比较合适，在品质要求和标准化程度还不够高的情况下，产业链各环节的经营主体都有机会共享公用品牌附加值，容易形成共享共建的产业氛围，进而有利于推广标准化生产，有助于产业的健康发展。而特色小众农产品品牌附加值主要依赖于独特的需求，除了满足独特的功能要求，市场对标准化、个性化等方面的要求也相对较高，品牌创建模式应优先考虑企业品牌或产品品牌模式，既能满足消费者，也能避免品牌竞争的泛化，更容易实现品牌附加值。

综上，笔者以为，各级农业农村主管部门和市场主体要将“三品一标”四大内容有机结合，统筹推进。围绕品牌战略实施“三品一标”提升行动，有的放矢培育、挖掘差异化，沉淀附加值，达到“三品一标”提升行动的目标。

进一步说，培育、挖掘差异化沉淀附加值最主要的方法和路径是充分利用农业科技化和数字化，把农业科技化和数字化作为实施“三品一标”行动的两大引擎。

农业科技已经广泛应用于培育优良品种、提高产量、提升品质等方面。需要强调的是，我们正处于品牌经济时代，有必要拓宽视野重新认识农业科技的力量，利用科技开发特色功能农产品，提高农业科技在培育农产品品类方面的贡献度。理论和实践证明，通过产品特色功能创建农产品品牌，通过打造品类创建农业品牌，成功的成本大为降低，概率则大大提升，称得上是事半功倍。那些还没有强势子品牌的农产品区域公用品牌，通过品类打造强势子品牌，往往会有意想不到的效果。比如，近年来脱颖而出的“大同黄花”品牌，先是通过科技改变了大同黄花种植加工新技术，实现黄花优质、高产、增收的目的，接着选育适合大同的优良高产黄花新品种，夯实了“大同黄花”区域品牌的地域特征，形成了不可替代的差异化。

同样，数字化改变了农业产业生态和品牌打造生态。微店、直播卖货以及生鲜电商的快速发展，从某种程度上解释了数字化技术如何改变了农业产业生态。利用数字技术打造品牌、通过互联网经营品牌有独特的优势，比如互联网的互动传播优势、网络世界品牌领先者更容易保持领先、不再依赖广告等，从创建成本、维护成本、曝光率、更多经营选择四个维度支撑了数字化时代农业品牌建设的利好，也可以说是把农业品牌创建者带进了一个“新世界”。还有，通过数字化技术，农业经营者可以不费力地实现全产业链的可视可追溯，品种品质优势、标准化优势随时随地传播给消费者，区域社会文化形象也能一并到达消费者内心。

实施农业生产“三品一标”提升行动为各级农业农村管理者和农业经营主体指明了方向，提出了新时期的任务，只有坚持品牌的竞争导向，才能围绕品牌战略做好品种培优、品质提升和标准化生产，充分利用农业科技化和数字化实施“三品一标”提升行动。

致谢

本书是上海大学上海经济管理中心中国城乡融合发展研究所第一个课题的成果之一，也是第一本系统性研究诠释区域农业企业品牌创建的专著，因此完成本书的挑战来自方方面面，最大的挑战来自访谈、写作过程中突发的区域性和全上海市“静默”。静默期间，品牌创始人日夜奋战在农产品保供给一线，我和上海大学的教授们不是被困在学校就是被困在家里，完成预定计划困难重重。非常感谢品牌创始人的鼎力支持，让我得以如期完成本书。特别要感谢夫人程晓英教授，在静默期间花费不少时间精力协调访谈并保障我的日常生活有序有趣。上海大学上海经济管理中心主任朱明原教授和上海大学中国城乡融合发展研究所刘登屹教授也提供了帮助，中国畜牧兽医报社社长刘波对十个企业品牌作了专业评论，在此一并感谢。

胡立刚

2022年8月